Susann Winkler

Bitte 3 x täglich lachen

Humorvolle Geschichten und Gedichte
für die Seniorenarbeit

Susann Winkler

Bitte 3 x täglich lachen

Humorvolle Geschichten und Gedichte
für die Seniorenarbeit

2. Auflage

schlütersche

Bibliografische Information der Deutschen Nationalbibliothek
Die Deutsche Nationalbibliothek verzeichnet diese Publikation in der Deutschen Nationalbibliografie; detaillierte bibliografische Daten sind im Internet über http://dnb.de abrufbar.

ISBN 978-3-89993-989-7 (Print)
ISBN 978-3-8426-8963-3 (PDF)
ISBN 978-3-8426-8964-0 (EPUB)

Nachdruck der 2. Auflage von 2018 (PoD)

Umschlaggestaltung: Kerker + Baum, Büro für Gestaltung GbR, Hannover
Titelbilder: Bill45 – stock.adobe.com, Olga Galushko – Fotolia.com
Satz:. PER Medien+Marketing GmbH, Braunschweig
Druck und Bindung: CPI Druckdienstleistungen GmbH, Erfurt

Inhalt

Vorwort

Wenn es um das Vorlesen für ältere Menschen geht, denken viele von uns in der Pflege und Betreuung oft an Erzählungen aus den Kriegs- und Nachkriegsjahren sowie an »besinnliche Geschichten«, die meist nachdenklich bis bedrückend sind. Diese Geschichten sind wertvoll, interessant und haben gerade in der Biografiearbeit einen wichtigen Platz.

Aber: Mir ist in meiner Arbeit immer wieder aufgefallen, dass die meisten älteren Menschen – die sich ja oft überhaupt nicht »den Alten« zugehörig fühlen – gar nicht so sehr die vermeintlich seniorengerechten Geschichten hören wollen, sondern am liebsten am ganz normalen Alltagsleben teilhaben. Besonders beliebt sind dabei immer wieder humorvolle Geschichten, Gedichte und Witze, die sehr wirkungsvoll zur Steigerung der Lebensqualität im Hier und Jetzt beitragen. Was gibt es schließlich Schöneres als gemeinsam unbeschwerte Stunden zu genießen, in denen man zusammen lachen kann?

Deshalb habe ich dieses heitere Buch verfasst, das verschiedenste Themen und Lebensbereiche umfasst: Jahreszeiten, Feste, Anekdoten, Reisen, Alltag, Gesundheit …

Ich möchte Ihnen als (Vor-) Leser eine abwechslungsreiche Lektüre bieten, die Sie in verschiedensten Kontexten der Seniorenarbeit einsetzen können.

Im ersten Abschnitt des Buches finden Sie kurze Alltagsgeschichten und Gedichte, die auf verschiedenste Weise die vergangene oder gegenwärtige Lebenswelt Ihrer Zuhörer aufgreifen. Sie eignen sich daher auch hervorragend für eine anschließende Erinnerungsarbeit. Besonders beliebt sind in der Regel Gedichte, die durch Reim und Rhythmus für zusätzliche Freude beim Zuhören sorgen.

Der zweite Teil beinhaltet Anekdoten und Witze, die ich so formuliert habe, dass sie gut verständlich und leicht zu erfassen sind. Da es vielen älteren Menschen schwerfällt, sich auf längere Texte zu konzentrieren, ist die Kürze der Leseeinheiten ein großes Plus. Außerdem sind diese Anekdoten besonders amüsant und regen zu Gesprächen zwischen den Zuhörern an. Sie kennen das sicherlich: Es gibt immer wieder Senioren, die gern eigene Witze erzählen.

Natürlich ist bei Witzen grundsätzlich eine gewisse Vorsicht geboten; sie sollten immer dem Zuhörer und der Situation angemessen sein. Bei meiner Sammlung habe ich sehr viel Wert auf Takt und Niveau gelegt. Allerdings habe ich in meiner Praxis auch die Erfahrung gemacht, dass zu große Sorge in der Regel unbegründet ist. Gerade ältere Menschen besitzen meist sehr viel Sinn für Humor. Selbst Menschen, die an einer Demenz leiden, haben oft noch eine erstaunliche Fähigkeit, Ironie und Witz zu verstehen.

Das letzte Kapitel meines Buches bildet eine Sammlung von Versen für jede Woche des Jahres. Hier schildere ich hauptsächlich die jahreszeitlichen Veränderungen in der Natur und den Wandel in unserer Lebenswelt. Dieses Kapitel eignet sich gut für die Einzel- und Gruppenarbeit zu jahreszeitlichen Themen, aber auch zur Gestaltung von Veranstaltungen und Festen. Ganz zum Schluss folgen noch zwei Geburtstagsverse.

Ich wünsche Ihnen und Ihren Zuhörern viele unbeschwerte, anregende und amüsante Stunden beim Lesen und Lauschen!

Bischofswiesen, im März 2014 Susann Winkler

Geschichten und Gedichte

Die Dauerwelle

Theresia setzte gerade einen Topf mit Milch auf den Ofen, als es an der Tür läutete. Ein Lächeln huschte über ihr Gesicht, denn sie wusste ganz genau, wer sie da besuchte. Wie jeden Donnerstag um halb drei erwartete sie ihre Enkelin Flora, die den Nachmittag bei ihr verbringen würde.

Da Theresia offensichtlich nicht schnell genug bei der Tür war, klopfte die Kleine ungeduldig und rief: »Oma Resi, ich bin es. Mach doch auf!«

»Ja, ja, mein Kind, ich komm ja schon!«, beeilte sich Theresia. Flora drückte sich fest an ihre Großmutter und versuchte, mit ihren kurzen Ärmchen deren Hüften zu umfassen.

»Hast du wieder zu viel Schokolade genascht, Oma Resi?«, fragte die Kleine und setzte eine tadelnde Miene auf.
»Wie kommst du denn jetzt darauf?«, wollte Theresia wissen, obwohl sie die Antwort schon ahnte.
»Ich glaube, dein Popo ist in der letzten Woche wieder ein Stück gewachsen«, stellte ihre Enkelin ungeniert fest.
»Ach Kind!«, lachte Theresia. »Na, in deinem Alter darf man so etwas noch sagen. Aber jetzt komm erst mal rein.«

Flora flitzte sofort in die Küche und machte es sich auf der Eckbank gemütlich. Sie wusste nur zu gut, was es jetzt gab: den besten Kuchen der Welt und Kakao aus der großen Marienkäfertasse, die Oma Resi extra für sie gekauft hatte.

Oma und Enkelin ließen es sich schmecken und plauderten über dieses und jenes. Flora erzählte von ihrem Friseurbesuch letzten Montag und dass die Haare trotz Umhang überall hingekommen sein mussten. Denn sie hatten sie den restlichen Tag überall unaufhörlich gepiekst.

»Oh, da sagst du was, Kind«, seufzte Theresia. »Ich muss auch dringend zum Haareschneiden und zur Dauerwelle. Ich traue mich schon gar nicht mehr aus dem Haus, so wie ich ausschaue.«

»Aber Omi, das kann ich dir doch machen!«, rief Flora begeistert. »Und bei mir ist es noch dazu viel billiger als beim Friseur.«

»Das ist lieb gemeint, mein Schatz«, entgegnete Theresia. »Aber man braucht ganz schön viel Übung, bevor man das richtig kann.«

Flora schaute beleidigt drein und meinte: »Ich mache es dir beim ersten Mal, zum Üben, auch kostenlos. Mama habe ich auch schon die Haare auf Lockenwickler gedreht und die war sehr zufrieden. Ich will doch später sowieso Friseurin werden und irgendwann muss ich es ja mal lernen.«

Theresia kam in Bedrängnis. »Ach Kind, so einfach ist das wirklich nicht. Dafür machst du später eine Ausbildung und da lernst du alles ganz genau. Jetzt ist es einfach noch zu früh.«

Doch Flora ließ nicht locker. »Bitte, Oma Resi! Ich verspreche, ich bin auch ganz vorsichtig. Und du hast ja selbst gesagt, wie schlimm du ausschaust, viel verderben kann ich da doch eh nicht mehr.«

»So ganz Unrecht hat sie ja nicht«, dachte Theresia. Außerdem hatten sie an diesem Nachmittag ohnehin nichts anderes vor und auf diese Weise wäre ihre Enkelin wenigstens beschäftigt.

»Na schön«, gab sie schließlich nach. »Du kannst mir ein bisschen die Haare eindrehen, aber auf keinen Fall schneiden. Und mit Waschen fangen wir jetzt auch nicht an.«

»Oh fein, Oma!«, jauchzte Flora. »Dann bekommst du heute eben nur die Dauerwelle. Schneiden können wir ja beim nächsten Mal. Also gut«, fuhr die Neunjährige geschäftstüchtig fort. »ich brauche dann einen Umhang, Lockenwickler, Kamm, Bürste und einen Fön.«

Theresia stand stöhnend auf und suchte die Utensilien zusammen. Einen Umhang hatte sie nicht, da musste ein Handtuch reichen.

Dann begann das Spiel: Flora begrüßte Theresia zuvorkommend als Kundin und bat sie, auf dem improvisierten Frisierstuhl Platz zu nehmen. Das Mädchen legte ihrer Oma ein Handtuch über die Schultern und kämmte ihr die Haare. Dann begannen Floras kleine Finger Lockenwickler in Theresias Haare zu drehen. Oft lösten sich einige Haarsträhnen wieder oder die Wickler fielen herunter, aber Flora war ganz vertieft in ihre Arbeit, und versuchte es wieder und wieder. Nur manchmal zog sie so arg an den Haaren, dass Theresia schließlich klagte: »Nicht so sehr ziehen, mir fallen sowieso schon so viele Haare aus.«

Daraufhin erwiderte Flora spitz: »Ach, das hätte ich ja fast vergessen. Für nörgelige Kundinnen wie Sie haben wir auch etwas zum Lesen da.« Beflissen lief sie ins Wohnzimmer und kam mit einem Stapel Zeitschriften zurück, den sie vor ihrer Oma auf den Tisch legte, mit den Worten: »Dann sind Sie ein bisschen abgelenkt und ich kann in Ruhe meine Arbeit machen.«

Theresia spielte mit und las ein wenig. So verging die Zeit recht angenehm. Bis Theresia einen seltsamen Geruch wahrnahm. »Flora, riechst du das auch?«
»Keine Sorge, Frau Kundin, das ist nur der Klebstoff«, erklärte die Kleine fachmännisch.
»Klebstoff? Welcher Klebstoff?«, fragte Theresia alarmiert.

»Na, der für Ihre Dauerwelle, wie sollen die Locken denn sonst halten?«, erklärte das Mädchen und verlor allmählich die Geduld mit ihrer Kundin.

Die Großmutter tastete nach ihren Haaren griff in eine klebrige Masse auf ihrem Kopf. »Um Himmels Willen, Kind!«, schrie sie voller Panik. »Du hast doch wohl nicht allen Ernstes Leim in meine Haare geschmiert?«

Flora wurde nun doch unsicher. »Aber es soll doch eine Dauerwelle sein«, antwortete sie kleinlaut.

Theresia sprang auf und betrachtete das Elend im Spiegel. »Aber dafür nimmt man doch keinen Klebstoff! Ich habe ja gleich gesagt, dass das nicht gut gehen kann«, schimpfte sie und begann, rastlos auf und ab zu gehen.

Schließlich stürzte sie aus der Wohnung und klingelte aufgebracht bei ihrem Nachbarn, Herrn Seibold, bis dieser endlich mit verschlafener Miene die Tür öffnete. »Ach, Sie sind es, Frau Nachbarin, was eilt denn so?«, fragte er wenig erfreut.

Theresia stammelte etwas von »Katastrophe«, »Haaren« und »Klebstoff«, bis Herr Seibold die Situation erfasst hatte. »Na, kommen Sie erst mal rein und dann schauen wir, was wir da machen können«, meinte er gelassen.

Theresia wurde immer nervöser: »Aber bitte, schnell muss es gehen, der Kleber trocknet doch immer mehr!«

Während sie von einem Bein auf das andere trat, schlurfte Herr Seibold gemächlich durch seine Wohnung und schien etwas zu suchen. »Immer mit der Ruhe, gute Frau, Eile ist schon immer ein schlechter Berater gewesen«, mahnte er.

Nach Stunden, so schien es Theresia, kam er mit einer großen braunen Flasche zurück und erklärte: »Ich habe noch eine Flasche Verdünnung gefunden. Das ist das Einzige, das mir einfällt, womit wir ihre Haare vielleicht retten können.«

Theresia wusste über Verdünnung nur, dass sie mörderisch stank, aber das war jetzt wohl das kleinste Übel. Herr Seibold wies sie an, sich mit dem Rücken zum Waschbecken auf den Badhocker zu setzen und goss ihr langsam die stinkende Brühe auf den Kopf. Dann verteilte er das Ganze mit den Händen auf die klebrigen Stellen. Theresia saß steif und bang in der unbequemen Position und krallte ihre Hände tiefer und tiefer in den Saum ihres Pullovers. Angespannt lauschte sie den Äußerungen von Herrn Seibold, der sich emsig auf ihrem Kopf zu schaffen machte: »Ach, du Schreck!«, murmelte er. »Nein, so was habe ich auch noch nicht erlebt! … Also wirklich, Frau Nachbarin, da hat die Kleine saubere Arbeit geleistet. … Aber ich glaube, wir haben Glück …. Da noch ein bisschen … Das sieht doch schon ganz gut aus.« Dann rief er laut durch die noch offenen Wohnungstüren: »Flora! Flora, komm doch mal her!«

Das Mädchen kam eilig in das Badezimmer gelaufen, blickte aber schuldbewusst auf den Boden. »Holst du mir bitte mal das Haarwaschmittel von deiner Oma?«, bat Herr Seibold freundlich.

Wie der Blitz kam Flora mit dem Shampoo zurück. »Schau, Flora«, erklärte ihr der Nachbar, »der Kleber hat sich jetzt gelöst. Jetzt brauchst du deiner Oma nur noch gründlich die Haare zu waschen und alles ist wieder in Ordnung.«

Flora atmete erleichtert auf und begann, Theresia die Haare zu waschen. »Oma Resi«, meinte sie nach einer Weile, »es tut mir so leid, dass ich den falschen Kleber genommen habe. Ich habe inzwischen einen anderen in deinem Schrank gefunden, auf dem steht, dass man ihn mit Wasser auswaschen kann. Das nächste Mal nehmen wir den!«

Herzenswünsche

Das Wünschen ist wirklich eine heikle Sache,
auch wenn es nichts gibt, was ich lieber mache.

Es fing schon an in jungen Jahren,
als ich noch gänzlich unerfahren.

Ersehnt hab ich ein Brüderlein,
das immer sollte bei mir sein.

Und tatsächlich, siehe da,
eines Tages erhörte mich Mama.

Sie brachte mir ein kleines Bündel
mit einem runzeligen Kindel.

Naja, dachte ich, er wird ja wachsen,
begann mit ihm zu spielen und zu flachsen.

Doch er zeigte keine Freude,
obwohl ich ihn so lieb betreute.

Er wollte immer kratzen, beißen, schreien,
nein wirklich, so was von gemein!

Und obendrein musste ich nun alles teilen
mit diesem bösen Bruder, dem meinen.

Das Wünschen, dacht ich, ist fatal,
trotzdem versucht ich es noch einmal.

Ich wünschte mir die Schulzeit her,
kein kleines Kind sein, wollt ich mehr.

Doch das, was mich dort empfing,
war mehr, als auf eine Kuhhaut ging.

Still sitzen, Rechnen, schlechte Noten,
so ziemlich alles war verboten.

Nun wünscht' ich mir, tagaus, tagein,
nur noch das Erwachsensein.

Nie mehr tun, was andre sagen,
nie mehr um Erlaubnis fragen.

Doch als ich dann erwachsen war,
da schien das Glück gar nicht so nah.

Arbeit, Hausbau und Finanzen,
Kinder, Haushalt, Gartenpflanzen.

Und abermals wurde mir klar,
dass Wunscherfüllung heikel war.

Doch, wer jetzt meint, ich hätt gelernt,
ist von der Wahrheit weit entfernt.

Ich wünsche weiter, auch wenn's fatal,
versuchen kann ich's ja noch mal!

Der Melissengeist

Hans und seine Frau Frieda saßen am Küchentisch und ließen sich den Schweinebraten mit Knödeln und Sauerkraut schmecken.

»Ah, war das wieder gut!«, lobte Hans, nachdem er den letzten Bissen hinuntergeschluckt hatte. Er streckte seinen stattlichen Bauch vor und tätschelte ihn liebevoll mit beiden Händen. »Jetzt brauche ich aber erst mal einen Melissengeist«, stöhnte er behaglich.

»Wofür denn das?«, fragte seine Frau misstrauisch.

»Na, wenn du immer so gut kochst, meine Liebe, brauche ich eben ein bisschen Unterstützung bei der Verdauung«, erklärte Hans und zwinkerte seiner Frau lächelnd zu.

»So, so, für die Verdauung. Gestern hast du den Melissengeist gegen Kopfweh genommen, vorgestern gegen Kreuzschmerzen und am Tag davor gegen Husten. Ich bin mal gespannt, was dir morgen einfallen wird«, entgegnete Frieda spitz.

»Mein lieber Schatz«, begann Hans, während er sich schwungvoll eine reichliche Portion Melissengeist in ein Gläschen goss. »Vielleicht ist dir auch schon aufgefallen, dass wir so langsam in die Jahre kommen und das bringt leider auch das eine oder andere Zipperlein mit sich.«

»Ach nein! Und gegen all diese Zipperlein hilft Melissengeist?«, erkundigte sich Frieda.

»Gegen alle vielleicht nicht«, räumte ihr Mann bereitwillig ein, »aber gegen die allermeisten. Schau, hier auf der Packung steht eine lange Liste mit Kräutern, die da alle darin sind: Enzianwurzeln, Nelkenblüten, Pomeranzenschalen, Zimtblüten, Ingwerwurzeln, Angelikawurzeln, und, und, und. Wenn das nicht gegen alles helfen soll …«

»Wie hochinteressant!«, sagte Frieda und rollte die Augen. »Wenn du dich so gut auskennst, dann erkläre mir doch bitte mal, welche Wirkung zum Beispiel Pomeranzenschalen haben.«

Hans atmete geräuschvoll aus. »Woher soll ich denn das wissen, ich bin doch kein Arzt! Aber hier auf der Flasche steht groß und breit: »Natürliche Hilfe für Kopf, Herz,

Kreislauf und Verdauung sowie für einen gesunden Schlaf. Traditionell angewendet zur Verbesserung des Allgemeinbefindens.« Da ist doch im Grunde alles enthalten – fürs Allgemeinbefinden eben. Und was die Hauptsache ist: Es hilft! Schau mich an, ich bin dir ein kluger, ausgeglichener, geduldiger und körperlich agiler Ehemann. Ich verstehe wirklich nicht, worüber du dich so aufregst!«

»Das kann ich dir sehr gern verraten, mein kluger, agiler Ehemann«, schnaubte Frieda. »Ich rege mich so auf, weil es ganz offensichtlich nicht die Pomeranzenschalen sind, die es dir angetan haben und auch nicht die Ingwerwurzeln oder die Zimtblüten. Der wahre Grund, weshalb dir der Melissengeist so ans Herz gewachsen ist, sind eindeutig die 50 % Alkohol darin. Ab sofort, mein Lieber, gibt es keinen Tropfen mehr von diesem Zeug und ich versichere dir, du wirst deshalb keinen Deut kränker sein.«

Hans starrte seine Frau verblüfft an und schwieg eine kleine Weile. Aber dann zuckten seine Mundwinkel. »So, so,« murmelte er, »keinen Deut kränker also. Das werden wir ja sehen.«

In der folgenden Nacht stand Hans unzählige Male aus dem Bett auf, wanderte in der Wohnung hin und her, öffnete und schloss geräuschvoll diverse Türen, betätigte 12 Mal die Toilettenspülung und fragte immer wieder seine Frau, ob sie nicht ein Mittel gegen Schlaflosigkeit habe, eines gegen Kopfschmerzen oder wenigstens etwas für seinen wehen Zahn.

Auch am Tag darauf war Hans untröstlich. Er verbrachte die meiste Zeit im Bett, wollte nichts essen und klagte über Magenschmerzen und Übelkeit. Aber Frieda ließ sich von alledem nicht sonderlich beeindrucken. Sie wusste, dass ihr Gatte ein guter Schauspieler war und so schnell würde er seinen Melissengeist ganz sicher nicht zurückbekommen.

Doch Hans gab nicht auf. Auch in der nächsten Nacht gab er keine Ruhe und klagte beflissen weiter, sodass weder er noch Frieda ein Auge zutaten.

Als Frieda am nächsten Morgen erschöpft und übellaunig aus den Federn kroch, jammerte Hans, er könne unmöglich aufstehen. Frieda griff kurzerhand zum Telefon, rief Dr. Koch, den langjährigen Hausarzt, an und bat um einen Hausbesuch. »Ein so schwer Kranker braucht ja zumindest einen Arzt«, brummte sie vor sich hin. »Bin mal neugierig, was er dem erzählen wird.«

Dr. Koch traf kurze Zeit später ein und eilte sogleich in das Schlafzimmer, um den Patienten gründlich zu untersuchen.

Als er die Kammer wieder verließ überreichte er Frieda mit ernster Miene ein Rezept. »Wenn ihr Mann das regelmäßig einnimmt«, versicherte er, »geht es ihm schon bald wieder gut.«

Frieda dankte dem Arzt und brachte ihn zur Tür. Dann betrachtete sie das Rezept und las ungläubig: »3x täglich Melissengeist«.

Liesel und Franz allein daheim

Allein daheim sind heute
die Liesel und der Franz.
Die Eltern ausgegangen
beim Steinerwirt zum Tanz.

Die Liesel spricht: »Ei, Franzel,
ich mach Dir eine Freud!
Ich koch Dir was Besondres
zum Abendessen heut!«

Der Bruder jauchzt und jubelt:
»Oh ja, wie wird das fein!
Kochst du Milchreis oder Grießbrei?
Was genau wird es denn sein?«

»Wie wär es denn mit Pudding?
Natürlich den mit Schokolade!«
Die Liesel holt schon mal den Topf
und rückt ihn auf dem Herde gerade.

Dann gießt sie gleich die Milch hinein,
und rührt das Puddingpulver unter,
drückt den Deckel auf den Topf,
springt durch die Küche flink und munter.

»Wie lange muss denn Pudding kochen –
ein Stündchen oder zwei?«

Die Liesel überlegt nicht lang,
wahrscheinlich ist es einerlei.

Die Kinder gehen fröhlich spielen,
mit bunten Murmeln, ganz famos.
Die Zeit vergeht im Fluge,
der Spaß ist riesengroß!

Doch irgendwann fragt Franz die Schwester:
»Was riecht denn da so stark?«
Die Liesel riecht zuerst gar nichts,
doch dann wird's richtig arg.

Die Kleine läuft geschwind zur Küche,
sieht auf dem Herd den schwarzen Brei.
Was hat die Liesel heut gelernt?
Die Kochzeit ist wohl doch nicht einerlei!

Lottis Geburtstag

Lotti blinzelte zweimal und sprang gleich darauf schwungvoll aus dem Bett. Sie war so gar nicht wie ihre Eltern, die sich morgens noch einige Male stöhnend umdrehten und wieder einschliefen, um sich dann Stunden später unter ausgiebigem Gähnen endlich in die Küche zu schleppen und den Frühstückstisch herzurichten. Wenn Lottis Lebensgeister einmal erwacht waren, gab es kein Halten mehr. Besonders heute, an ihrem 6. Geburtstag. Es würde ein traumhafter Tag werden. Sie hatte nämlich gut vorgesorgt und sich eine große Erdbeertorte gewünscht, Bücher, ein Pferd, eine Schwester, einen Fotoapparat, eine rosa Kuscheldecke mit Froschkönigen darauf, einen Hund und ein Fahrrad.

Lotti stürmte in das Schlafzimmer ihrer Eltern, sprang auf das große Bett und rief übermütig »Lotti hat heut Geburtstag, Geburtstag, Geburtstag!«

»Himmel hilf!«, entfuhr es ihrer Mutter noch mit geschlossenen Augen. »Die Nacht kann doch unmöglich schon vorbei sein!«

»Ist sie auch nicht«, brummte ihr Mann. »Es ist nur ein Gespenst, das uns wach hält.«

»Jaaaa!«, schrie Lotti und warf sich auf die Federdecke ihres Vaters. »Und das Gespenst hat heute Geburtstag, Geburtstag, Geburtstag und da gibt's Geschenke, Geschenke, Geschenke!«

»Aber nur brave Gespenster bekommen Geschenke!«, gähnte ihr Vater. »Und vor allem nur solche, die morgens ihre Eltern nicht wecken!« Dabei kitzelte er Lotti, bis sie um Hilfe schrie.

Da an Schlaf nun ohnehin nicht mehr zu denken war, kroch Mama aus dem Bett und ging in die Küche. Wenige Minuten später kam sie mit einer riesigen Erdbeertorte zurück und sang »Zum Geburtstag viel Glück …« Auch Papa stimmte mit ein, während Lotti freudig strahlend die

Kerzen auspustete. Mama warf ihrem Mann eine Tüte mit Luftballons zu, die er nacheinander aufblies, bis Lotti in einem Meer aus bunten Ballons umhersprang.

Nach dem Frühstück wurde Lotti allerdings ungeduldig, klatschte auffordernd in die Hände und rief: »Jetzt bekomme ich mein Fahrrad, mein Pferd und meine Schwester!«

Ihr Vater sah sie ernst an: »Weißt du was, junge Dame, als allererstes bekommst du mal eine ganz große Portion Bescheidenheit.«

»Was ist Bescheid ..., Bescheid ...heit, Papa?«, erkundigte sich Lotti.

»Na ja, das was du bist, nennt man gierig, Fräulein Prinzessin«, erklärte der Vater. »Und bescheidene Mädchen sind solche, die sich nicht viel wünschen und sich auch über kleine Geschenke freuen.«

»Ach, nein danke, Papa, dann bleib ich doch lieber eine gierige Prinzessin.«

»Außerdem«, schaltete sich jetzt Mama ein, »bekommt man ein Schwesterchen nicht einfach zum Geburtstag.«

»Wann denn dann?«, fragte Lotti erstaunt.

Die Mutter warf ihrem Mann einen verlegenen Blick zu und holte tief Luft. »Also, das kommt mehr so … plötzlich, unerwartet, nicht auf Bestellung.«

»Ja, aber woher soll der Storch denn dann wissen, dass wir eines wollen?«, hakte die Kleine nach.

»Ach, Lotti, das ist alles ein bisschen komplizierter. Vielleicht solltest du erst mal deine Geschenke auspacken.« Mama sprang auf und nahm ihre Tochter an die Hand. »Schau mal ins Wohnzimmer!«

Und wirklich fand die kleine Prinzessin Lotti dort ein violettes Fahrrad mit einer großen roten Schleife darum, Bücher, Spiele und sogar eine rosa Decke mit Froschkönigen darauf. Lotti war fürs Erste zufrieden. Sie wickelte sich in die neue Decke und untersuchte gründlich alle anderen Geschenke.

Am Nachmittag war Oma Lena zum Kaffeetrinken eingeladen. Und auch wenn Lotti nicht mehr wagte, es laut auszusprechen, hoffte sie insgeheim, dass die Oma das ersehnte Schwesterchen mitbringen würde.

Obwohl Lotto viel zu aufgeregt war, um mittags zu schlafen, verhielt sie sich ganz still. Vielleicht half es ja, wenn sie wenigstens jetzt still und bescheiden war?

Endlich stand Oma Lena vor der Tür und hatte tatsächlich einen großen Korb in der Hand.

»Ein Baby!«, schrie Lotti aus voller Brust und lief ihrer Großmutter in den freien Arm. Aber was da aus dem Körbchen herausschaute war gar kein Baby. Naja, ein Baby im Grunde schon, aber kein menschliches, sondern ein schneeweißes, kuscheliges Hundebaby. Fast sah es aus wie ein Eisbärenjunges.

»Der ist für dich, mein Schatz. Alles Liebe zum Geburtstag!« Oma Lena drückte ihre Enkelin fest an sich und küsste ihr die Stirn.

Lotti streichelte den Welpen sanft und mache nur ganz leise Töne, weil sie den kleinen Hund nicht erschrecken wollte.

Später, als alle bei Kaffee und Erdbeertorte zusammensaßen, schlief das Hundebaby friedlich auf Lottis Schoß. Plötzlich blitzten ihre kleinen Augen und sie erklärte strahlend: »Mama, wenn ich ihn ordentlich abrichte, bringt er mir bestimmt auch ein Schwesterchen!«

Die gelbe Bluse

Ich habe eine gelbe Bluse, mit kleinen Elefanten drauf,
die ist nach 28 Jahren genauso schön noch wie beim Kauf.

Im Urlaub an der Ostsee, hat sie mein Herz gewonnen,
am goldnen Timmendorfer Strand hat unsre Lieb
begonnen.

Ich trug sie gerne beim Flanieren, zum Frühstück und zum Abendbrot.
Von ihr wollt ich mich niemals trennen, gab es auch andere im Angebot.

Die Bluse war nicht neueste Mode, nicht aus Seide, nicht aus Brokat.
Und doch hab ich sie so geliebt als wär's der kostbar feinste Staat.

Dem Karl, dem war sie viel zu gelb, dem Hans nicht gelb genug.
So vergingen Tage, Jahre – die meisten davon wie im Flug.

Und mit den Jahren wuchs die Fülle, die Taille und der Hüftumfang.
Die Bluse wurde immer enger, selbst wenn das Knöpfe schließen noch gelang.

Doch irgendwann, da kam der Tag, ich mag es kaum berichten,
Da sprang der erste Knopf davon und nun hieß es verzichten.

Verzichten auf mein Lieblingsteil, wie auch auf Wurst und Marzipan.
Die Bluse hing nun lang im Schrank, unberührt ganz hinten dran.

Doch heute früh, ganz unverhofft, war der Moment gekommen.
Nach 19 Jahren Schlankheitskur hab ich das Ziel erklommen.

Vereint sind endlich wir erneut, ich und die Bluse mit den Elefanten.
Sie passt jetzt besser als zuvor und macht mich glücklicher als Diamanten.

Die Orchidee

Es war an einem Mittwochvormittag. Karl nahm den Einkaufszettel vom Tisch, den seine Frau geschrieben hatte und griff nach dem Korb mit den leeren Flaschen. Wie jeden Mittwoch gegen halb zehn machte er sich auf den Weg zum Wocheneinkauf. Normalerweise begleitete ihn seine Frau Lisa, aber sie war für zwei Tage zu ihrer Tochter nach Friedrichshafen gefahren.

Als Karl aus der Wohnung trat, stieß sein rechter Fuß gegen etwas, das in weißes Papier gehüllt war. Karl hob das rätselhafte Etwas auf und entfernte vorsichtig die Verpackung. Darunter kam eine violette Orchidee zum Vorschein, die in einem cremeweißen Tontopf stand. Drumerhum war eine rote Schleife gebunden, an der ein kleiner herzförmiger Anhänger baumelte. Darauf stand in verschnörkelter Schrift: »Alles Liebe«.

Karl kannte sich zwar mit Blumen nicht aus, aber er war sich ziemlich sicher, dass eine Orchidee etwas Besonderes war, das man anderen Leuten nicht einfach so, ohne jeden Grund, vor die Tür stellte. Und noch weniger hängte man ein Herz daran, wenn es nicht eine gewisse Bedeutung hatte. Außerdem war Karl davon überzeugt, dass dieses romantische Geschenk nicht für ihn bestimmt war. Gut, er hätte sich einfach geschmeichelt fühlen und sich der Illusion hingeben können, er habe eine reizende, junge Verehrerin. Aber für solche Einbildungen war er einfach zu sehr Realist. Die Vorstellung, eine Frau könne ihm Blumen schicken, erschien Karl so kurios, dass sich sein Mund zu einem breiten Lächeln verzog und er unwillkürlich den Kopf schüttelte.

Aber die Heiterkeit währte nur kurz. Ein bitterer Verdacht fuhr in sein Herz: Lisa hatte ganz offensichtlich einen Bewunderer. Und der schien nicht zu wissen, dass sie verheiratet war. Oder, noch schlimmer: Er wusste es, und ließ sich trotzdem nicht davon abhalten, ihr den Hof zu machen. Egal, dachte Karl, in beiden Fällen musste dem Betreffenden der Krieg erklärt werden. Aber, um gegen seinen Feind kämpfen zu können, musste Karl erst einmal herausfinden, wer dieser mysteriöse Verehrer überhaupt war.

Er versteckte die Orchidee im Keller und ging missmutig zum Einkaufen. Während er im Supermarkt Butter, Marmelade, Käse, Zahncreme und Toilettenpapier in seinen Wagen legte, ging er in Gedanken alle Männer in der Umgebung durch, die als Übeltäter infrage kamen. Als erstes musste er an den seltsamen Herrn Dietze denken, der in der Wohnung über ihnen wohnte. Der machte zwar immer einen sehr kühlen, reservieren Eindruck und grüßte kaum, aber was hieß das schon? Das konnte ja Tarnung sein! Auf jeden Fall war Herr Dietze vorerst verdächtig.

Oder hatte gar der schmierige Bäcker Mehlhorn die Orchidee vor ihre Tür gestellt? Der war Karl von Anfang an suspekt gewesen. Frauen gegenüber gab sich der Bäcker immer besonders charmant, zwinkerte ihnen zu oder legte ihnen eine Extra-Semmel in die Einkaufstüte.

Dann war da noch der Bruder von Lisas Freundin. Dem war vor kurzem die Frau davongelaufen und jetzt suchte er gewiss eine neue! Auch den musste Karl auf jeden Fall im Auge behalten.

Ach, und hatte seine Frau nicht letzte Woche vom Besuch bei einem neuen Hautarzt erzählt, der so nett gewesen sei und sie sehr gründlich untersucht habe. Was genau hieß bei einem Hautarzt eigentlich: »sehr gründlich untersucht?«

Karl wurde plötzlich ganz heiß und schwindelig, Schweißperlen rannen seine Schläfen hinab. Wie in aller Welt sollte er nur sämtliche Verdächtigen überwachen? Es würde ihm wohl nichts anderes übrig bleiben, als Lisa in nächster Zeit ganz genau zu beobachten und überall hin zu begleiten.

Als Karl wieder zu Hause war und die Einkäufe in Schränken und Regalen verstaute, läutete es an der Wohnungstür. Karl öffnete und erblickte vor sich einen jungen, braun gebrannten Mann. »Ich bin der Postbote und habe hier ein Päckchen für Sie«, sagte er freundlich. Und fügte dann ohne Umschweife hinzu: »Ihre Frau ist wohl heute gar nicht zu Hause?«

Karl starrte den Briefträger mit großen Augen und offenem Mund an. Doch noch bevor er in der Lage war zu antworten, verabschiedete sich der junge Mann und sprang eilig die Treppen hinunter.

Jetzt kam der Postbote also auch noch infrage! Verzweifelt setzte sich Karl an den Küchentisch und brütete vor sich hin.

Als seine Frau am Abend von ihrer Reise zurückkehrte, fragte sich Karl unwillkürlich, ob sie wohl wirklich die Tochter besucht hatte. Vielleicht war sie zu einem Stelldichein mit ihrem Verehrer eingeladen gewesen? Dieser Gedanke quälte Karl auch in der folgenden Nacht.

Am nächsten Tag wachte er penibel über jeden Schritt seiner Gattin. Er begleitete Lisa zum Zeitungskiosk, zum Bäcker, zur Post, zur Schneiderin und zum Zahnarzt. Natürlich wunderte sich Lisa über die plötzliche Anhänglichkeit ihres Mannes und versicherte ihm immer wieder: »Schatz, es ist wirklich lieb von dir, dass du dich so um mich kümmerst. Aber es ist beim besten Willen nicht nötig, dass du den ganzen Tag an meiner Seite bleibst. Schau mal, du langweilst dich doch nur, während ich Besorgungen mache, mit Bekannten plaudere oder beim Zahnarzt warte.«

Tatsächlich war Karl wenig erpicht auf ein solches Tagesprogramm. Dennoch musste er dieses Opfer bringen, um endlich herauszufinden, wer ihm seine Frau streitig machte.

Wie erwartet, folgte ein langer, zäher Tag und es war bereits nach fünf Uhr, als sie endlich alles erledigt hatten und erschöpft nach Hause kamen. Auf der Treppe zu ihrer Wohnung im ersten Stock trafen sie ihre Nachbarin, Frau Kluge. »Wie gut, dass ich sie sehe!«, rief diese erfreut. »Ich hoffe, Sie konnten etwas mit der Orchidee anfangen, die ich Ihnen gestern vor die Tür gestellt habe. Ich hatte sie geschenkt bekommen, aber ehrlich gesagt, mag ich Orchideen nicht besonders. Sie gehen bei mir grundsätzlich ein.«

Lisa sah ihren Mann fragend an, der dunkelrot anlief. Nach einer kurzen Pause begann Karl verlegen zu stammeln: »Von … von Ihnen war die, ähm … Pflanze also, Frau Kluge. Wie … freundlich! Wirklich sehr freundlich! Vielen Dank!« Dann verabschiedete er sich von der Nachbarin und zog seine verdutzte Lisa mit sich.

In der Wohnung angekommen seufzte Karl erleichtert und lächelte seiner Frau zärtlich zu. Gleich würde er die Orchidee aus dem Keller holen und ihr einen besonders schönen Fensterplatz suchen!

Die Katze Nelly

Die Katze Nelly, die ich meine,
gehört dem Bürgermeister Franz in Peine.

Jeden Morgen um halb vier,
wacht es auf, das kleine Tier.

Hat wohl geruht auf Franzens Bauch
und Köstliches geträumt wohl auch.

Sie springt auf ihres Herren Brust,
voll kulinarisch-zügelloser Lust.

Lust auf Maus mit Sahne
und Pastetchen vom Fasane.

Dazu ein Stück von der Forelle,
ein Scheibchen Schinken auf die Schnelle.

Zum Dessert ein Häppchen Huhn,
danach erst mal ein Stündchen ruhn.

Doch der Bürgermeister schnarcht verzückt,
macht die Katze ganz verrückt.

Die Nelly schreit, stupst ihn ins Gesicht,
der Franzl aber rührt sich nicht.

Sie wandert mürrisch auf und ab,
tritt ihrem Herrn die Glieder platt.

Sie beißt ihn schließlich in die Nase.
»Als nächstes«, denkt sie, »fliegt die Vase!«

Doch, siehe da, der Franz erwacht,
mustert die Katze mit Bedacht.

Dann lächelt er, wünscht zärtlich »Guten Morgen!«
und geht das Katzenmahl besorgen.

Nelly wartet nun ganz nett
auf ihr Frühstückchen im Bett.

»Ein Braver«, denkt sie, »ist der Franz«,
streckt sich aus und rollt den Schwanz.

Antonia und ihre Katze

Jeden Tag nach dem Frühstück unternahm Antonia ihren morgendlichen Rundgang durch den Garten. Es war für sie ein tägliches Ritual: Aufstehen, Waschen, Frühstücken und dann der Spaziergang durch den Garten. Außer, wenn es regnete, denn Antonia mochte kein Wasser. Da hielt sie es wie ihre Katze Rosi, die bei Regen immer angewidert ihre Pfötchen ausschüttelte und sich beleidigt auf ihrem Lieblingskissen zusammenrollte. Das Gleiche tat sie allerdings auch, wenn sie versehentlich auf einen frisch gewischten Fußboden trat, ihr Futter mal drei Minuten zu spät bekam oder ihr Lieblingspostbote nicht genügend Zeit für Streicheleinheiten hatte. Antonia hätte sie eigentlich besser Mimosi taufen sollen, aber bei der Namensgebung hatte sie den Charakter der Katze noch nicht so genau gekannt. Schließlich stammte Rosi weder aus besseren Verhältnissen noch gehörte sie einer erlesenen Rasse an.

Ganz im Gegenteil! Rosi war eine gebürtige Bauernkatze und hatte sehr bodenständige Verwandte. Dennoch fühlte sie sich offensichtlich zu Höherem berufen.

Aber so feinfühlig Rosi auch war, was ihre Behandlung anging; sie selbst verhielt sich ihrer Umwelt gegenüber alles andere als zimperlich. Besonders mit Lebewesen, die ihr in irgendeiner Weise unterlegen waren, verfuhr sie absolut gnadenlos. Als wolle sie jegliche Konkurrenz ausschalten, vernichtete sie sämtliches Kleingetier in ihrem Revier. Gut, Antonia hatte nichts dagegen einzuwenden, dass ihre Katze fleißig Mäuse und Wühlmäuse fing. Auch Schnecken, die sich im Garten mehrten, durfte sie gern beseitigen. Aber Rosi brachte auch tote Vögel, Kröten, Kreuzottern, Maulwürfe und einmal sogar ein Eichhörnchen. Ihre Beute legte sie stets voller Stolz vor der Verandatür ab. Es kam für Antonia natürlich nicht infrage, Rosi dafür auch noch zu loben, aber Tadel schien ebenso wenig zu fruchten.

»Daran kann man wohl nicht viel ändern«, dachte Antonia, »Katzen tun so etwas eben. Vielleicht hat es ja irgendeinen Sinn.«

Aber heute war Rosi wirklich zu weit gegangen. Als Antonia an diesem Morgen in den Garten gehen wollte, erwartete sie vor der Tür wieder einmal ein lebloser Kadaver. Dieses Mal war das Opfer aber kein wildes Tier, sondern ziemlich eindeutig ein Meerschweinchen. Und auch nicht irgendein Meerschweinchen, sondern eines, das Antonia sehr gut kannte. Es hieß Puschel und gehörte Carla, dem kleinen Nachbarsmädchen. Sie besaß drei Meerschweinchen und was da steif und starr am Boden lag, war ohne Zweifel der rotbraun und weiß gefleckte Puschel.

»Na warte, du dummes, eingebildetes, nichtsnutziges Ding von einer Katze!«, stieß Antonia wütend hervor. »Wenn ich dich zwischen die Finger kriege, bist du ganz schnell wieder auf dem Bauernhof, von dem du gekommen bist! Da kannst du zwischen Kuhdung und Ratten über deine Boshaftigkeit nachdenken.«

Allerdings wurde ihr auch rasch klar, dass Flüche und leere Drohungen in diesem Fall nicht wirklich weiterhelfen würden. Eine praktische Lösung musste her, für das tote Meerschweinchen und seine Besitzerin Clara. Rosis gerechte Strafe musste bis später warten.

Antonia ließ sich seufzend auf eine Gartenbank sinken, versuchte sich zu sammeln und ganz vernünftig zu denken: Fakt war, das Meerschweinchen war tot. Fakt war auch, es würde schmerzlich vermisst werden – wenn nicht schon jetzt, so doch sehr bald. Weiterhin war sie sicher, dass sich

Puschel vor seinem tragischen Ende offensichtlich im Freigehege im Nachbargarten aufgehalten hatte.

Nach einigem Grübeln wurde Antonia noch eine weitere Tatsache bewusst – wenn auch eine pietätlose. Es gab sehr viele Meerschweinchen auf der Welt, um nicht zu sagen, zu viele. Und mehr als genügend davon waren rotbraun und weiß gefleckt ... Ohne eine weitere Minute zu verschwenden, packte Antonia den armen Puschel in eine Tüte, griff im Vorbeigehen nach ihrer Handtasche und rauschte aus dem Haus.

Nach fast vier Stunden kam sie zurück. Übellaunig und erschöpft, aber mit einem kleinen Karton in den Händen. Sie hatte nach langer Suche in verschiedensten Zoohandlungen und Tierheimen tatsächlich ein Meerschweinchen gefunden, das Puschel täuschend ähnlich sah.

Nun galt es, ihr Werk rasch zu vollenden oder besser gesagt, ihren Betrug an einem 6jährigen Mädchen zu begehen. Sie sollte sich wirklich schämen! Aber dafür hatte sie jetzt erstens keine Zeit und zweitens waren die Alternativen noch grausamer.

Antonia schlich leise durch das Gebüsch, das ihren Garten mit dem der Nachbarn verband. Im Handumdrehen hatte sie den neuen Puschel ins Freigehege gesteckt und sich wieder davon gemacht. Allerdings war ihr wirklich ein Rätsel, wie ihre Rosi in den gut geschlossenen Käfig gekommen war. Ach, dieses Tier gab ihr wirklich immer wieder Rätsel auf!

Als Antonia zwei Tage später die kleine Carla mit ihrer Mutter beim Einkaufen sah, kam ihr das kleine Mädchen ganz aufgeregt entgegengelaufen.

»Das glaubst du nie, Tante Toni!«, erzählte sie mit großen Augen. »Ich habe jetzt zwei Puschels!«

»Waaas? Wie kann denn das sein?«, fragte Antonia und hielt den Atem an.

»Ich weiß auch nicht, aber auf einmal saßen zwei im Käfig!«, berichtete Carla. »Mama hat gesagt, eine gute Fee hat mir noch ein Meerschweinchen gebracht, weil ich mein Zimmer so schön aufgeräumt habe.«

Die Mutter des Mädchens zog die Augenbrauen hoch und hob entschuldigend die Schultern. An ihre Tochter gewandt meinte sie: »Carla, Liebes, geh doch schon mal vor und such dir ein Eis aus!«

Fröhlich hüpfte die Kleine davon. Wenn sie weiterhin so brav war, würde sie bald eine ganze Herde Puschels haben.

Als Carla außer Hörweite war, erklärte ihre Mutter ziemlich verlegen: »Ach weißt du, Antonia, der Puschel ist mir am Montag beim Füttern entwischt und ich konnte ihn einfach nirgends mehr finden. Aber ich brachte es auch nicht übers Herz, es Carla zu erzählen und habe stattdessen ein neues Meerschweinchen gekauft, das Puschel sehr ähnlich sieht. Doch kurze Zeit später saß plötzlich auch der alte Puschel wieder im Käfig. Keine Ahnung, wie er da hineingekommen ist. Ja, und dann ist mir nichts Besseres eingefallen, als diese Geschichte mit der guten Fee.«

Antonia lächelte verständnisvoll und verstand nun endlich den Sinn von Feen, Nikoläusen, Osterhasen, Sandmännern und dergleichen.

An mein geliebtes Heiabettchen

Ach, mein geliebtes Heiabettchen, wie lange hältst du mich schon aus?
Du trägst mich jede Nacht acht Stunden und wirfst mich niemals früher raus.

Du bettest mich so warm und weich, ganz wie eines Königs Kind.
Du bist mir Freund und bist mir Trost, wenn meine Augen traurig sind.

Du stützt mir meine müden Glieder nach einem langen, schweren Tag
und schenkst mir sanfte, süße Träume, die ich nie mehr vergessen mag.

Und bin ich einmal krank und leide, bist du für mich
der schönste Ort.
Du pflegst mich, bist der beste Arzt und treibst das
höchste Fieber fort.

Doch auch an guten Tagen bist du mir Freude und
Genuss.
In dir verschenkte ich mein Herz, in dir empfing ich
manchen Kuss.

In einem Bett ward ich geboren, aus einer Wiege
erschloss sich mir die Welt.
Ein Bett empfängt mich stets auf Reisen, auch wenn der
Ort mir nicht gefällt.

Mit deinen weichen Federn hüllst du mich zärtlich ein
und wirst auf alle Zeiten mein treuester Weggefährte
sein.

Der Aufsatz

Johann saß am Küchentisch, über ein leeres weißes Blatt gebeugt und stöhnte leise vor sich hin. Seine Mutter, die nur wenige Schritte von ihm entfernt stand und geduldig einen großen Klumpen Hefeteig knetete, sah von ihrer Arbeit auf und fragte: »Na, wie weit bist du denn schon? Vom Stöhnen wird der Aufsatz nicht fertig!«

Wie jedes Jahr nach den Sommerferien sollten alle Schüler einen Aufsatz über ihr schönstes Ferienerlebnis schreiben. Und wie jedes Jahr brütete Johann nun über seinem Schulheft, ohne dass ihm eine Begebenheit einfallen wollte, die den Aufwand Wert gewesen wäre. Schriftsteller verfassten doch auch keine Romane übers Zimmer aufräumen, Mensch-ärgere-Dich-nicht-spielen, mit Mama einkaufen gehen oder Schwimmbadbesuche! Für gute Geschichten brauchte es Abenteuer und eine gute Portion Gruseliges, so viel wusste Johann auch mit seinen 9 Jahren schon. Aber der Aufsatz sollte ja der Wahrheit entsprechen. »Moment«, dachte Johann, »wer hatte das eigentlich gesagt? Schriftsteller erzählten ja auch schon mal Erfundenes.«

Johanns Mutter sah ihn immer noch prüfend an: »Junge, träumst du wieder?«

»Ach, Mama, bei deiner Backerei kann sich doch kein Mensch konzentrieren. Und jetzt unterbrichst du mich auch noch dauernd. Ich geh jetzt raus und setz mich in den Garten!«

Erstaunt sah ihm seine Mutter nach und rief: »Na gut, aber vor dem Abendessen ist der Aufsatz fertig!«

Johann setzte sich auf die Wiese und lehnte sich an den breiten Stamm eines Birnbaums. Er grübelte noch ein paar Minuten, aber dann begann er zu schreiben:

Ferien bei Onkel Heinrich

Alle sagen, dass mein Onkel Heinrich ein bisschen unheimlich ist, sogar meine Eltern. Trotzdem schicken sie mich jedes Jahr für drei Wochen zu ihm in die Sommerferien. Sie wollen ja auch mal ihre Ruhe haben.

In diesem Jahr ging ich am Dienstag in der ersten Ferienwoche auf die Reise. Zuerst fuhr ich mit dem 10-Uhr-Zug nach Karlstadt, dort musste ich dann in eine Regionalbahn Richtung Rosenberg umsteigen. Ich teilte mir das Abteil mit einem netten Herrn, der mich fragte, wo ich denn hinfahre. So erzählte ich ihm von meinem Onkel und dass ich bei ihm einige Wochen zu Besuch bleiben würde.

»Doch nicht etwa beim alten Piraten-Heinrich?«, fragte der Mann erschrocken.

»Ja, genau bei dem«, gab ich zur Antwort, denn so nannte man ihn tatsächlich. Mein Reisegefährte sah mich mitleidig an und murmelte etwas wie »armer Junge«.

Mein Onkel war nämlich früher ein gefürchteter Pirat, aber mittlerweile ist er in Rente. Piraten können ja früher in Pension gehen, weil sie mit den Räubereien schnell ihre Altersvorsorge zusammen haben.

Vom Bahnhof in Rosenberg holte mich Onkel Heinrich mit dem Auto ab. Wir fuhren dann noch eine halbe Stunde durch dichten Wald, bevor wir zu seinem Haus kamen. Das Haus steht zwar sehr einsam, ist aber groß und komfortabel, weil sich mein Onkel ja alles leisten kann. Die Türdrücker und Bilderrahmen und sogar das Geschirr sind aus echtem Gold. Auf den Marmorfußböden liegen dicke, wertvolle Teppiche. Mein Onkel hat mir mal erzählt, aus welchem Land sie kommen, aber das habe ich wieder vergessen, irgendetwas mit »P« war es wohl gewesen.

Überall stehen schwere Holztruhen, in denen die Schätze lagen, die Onkel Heinrich erbeutet hatte. Er hat mir zwar strengstens verboten, sie anzurühren, aber einmal habe ich mich nachts aus meinem Zimmer geschlichen und eine der Truhen geöffnet. Zuerst fand ich ein Säckchen mit großen glitzernden Steinen. Ich nahm an, dass es Diamanten waren. Außerdem lag eine goldene Krone darin, die mit riesigen Edelsteinen besetzt war. Das Beste war aber unter ein paar Vasen und wertvollen Stoffen versteckt. Und ich wette, Frau Lehrerin, dass sie nie darauf kommen, was ich dort gefunden habe. Nein, keinen Schmuck, keine Kleider, ach, sie erraten es ja doch nicht. Es waren zwei Totenköpfe und einige Knochen in verschiedenen Größen. Wahrscheinlich glauben Sie mir jetzt nicht, aber denken Sie wirklich, ich würde Sie, meine Lehrerin, anlügen? Denn Sie müssen wissen, bei Piraten geht es nicht immer freundlich zu. Das ist vielleicht nichts für schwache Frauennerven, aber da fällt schon mal der eine oder andere Kopf. Trotzdem brauchen Sie sich keine Sorgen zu machen, so gefährlich ist Onkel Heinrich gar nicht und ich bin auch immer sehr nett zu ihm. Denn wenn ich ihn nicht mehr besuchen darf, muss ich in den Ferien immer daheim bleiben und mit Mama und Papa Mensch-ärgere-Dich-nicht spielen.

Die Nudelkönigin

Nudeln sind mein Leibgericht,
die könnt ich essen jeden Tag.
Nicht nur weil sie himmlisch schmecken,
auch weil ich sie so gut vertrag.

Am Montag gibt es für gewöhnlich
Nudeln mit Basilikum.
Ein bisschen Sahne noch dazu,
und ich bin glücklich rundherum.

Auch dienstags überlege ich nicht lange.
Essen kochen? Kein Problem!
Nudeln mit viel Schinkensoß,
und es wird mir gut ergehn.

Mittwochs ist dann Knoblauchtag,
auch wenn's ein wenig riecht.
Angeröstet mit viel Nudeln
ist er ein Gedicht.

Dann wären wir bei Donnerstag,
den ich ganz besonders schätze.
Nudeln gibt's mit Schwammerlsoß'
Nein, wie ich mich da ergötze.

Schon folgt der Freitag,
doch mir ist nicht bang.

Auf dem Mittagstisch stehn Nudeln
mit viel Tomatensoße dran.

Jetzt raten Sie mal, was der Samstag bringt!
Natürlich Nudeln! Doch womit?
Nudeleintopf ist heut dran.
Auch den veracht ich sicher nicht.

Ein Festtag soll der Sonntag sein,
ich gönn mir einen deftgen Schmaus!
Nüdelchen mit Gulasch gibt's –
dann ist die Nudelwoche aus!

Die Ziehharmonika

Robert schlürfte seinen Morgenkaffee und blätterte im Anzeigenteil der Tageszeitung. Nicht, dass er etwas Bestimmtes gebraucht oder gesucht hätte, nein, er hatte eigentlich alles: Frau, Auto, Waschmaschine, Kühlschrank – ja, sogar ein ganzes Haus mit Garten.

Warum also las Robert die Verkaufsanzeigen? Vielleicht tat er es aus Gewohnheit oder Langeweile oder einfach, um das Gefühl zu haben, dass sein Leben nicht stillstand. Sicher, er hatte keinen Grund zur Klage. Robert und seine Frau lebten bequem und außer mal einen Hexenschuss und steifen Gliedern, wenn es Regen gab, hatten sie keine nennenswerten Gebrechen. Dennoch, seit Robert in Pension war, fehlte ihm etwas. Nämlich eine Aufgabe, die ihn ausfüllte.

Gut, im Garten gab es meistens etwas zu tun, aber, um bei der Wahrheit zu bleiben, besonders gefreut hatte Robert die Gartenarbeit nie. Die tat er mehr seiner Frau Anni zuliebe, die zwar genauso ungern im Garten werkelte, aber dennoch Blumen liebte, besonders Tulpen, Rosen, Rittersporn und Hortensien. Aus Erdbeeren und Himbeeren bereitete Anni Marmelade. Mit Kirschen, Johannisbeeren und Brombeeren setzte sie Liköre an. Ach, und natürlich kam ihr auch nur frisches Gemüse in die Küche, wenn es denn irgendwie ging. Und Robert war derjenige, der dafür zu sorgen hatte, dass es irgendwie ging. Aber er beschwerte sich darüber immer nur mit einem Lächeln. Er hatte es gut mit seiner Anni und das wusste er.

Aber irgendwie, irgendwas hätte er trotzdem gerne noch … Und plötzlich wusste er auch ganz genau, was es war. Roberts Blick blieb an einer Anzeige hängen, in der in großen fetten Buchstaben das Wort »Akkordeon« stand. Genau das war es! Er hatte als Kind einige Jahre lang gelernt, die Ziehharmonika zu spielen, aber wie es so oft ist, hatte er irgendwann keine Lust oder Zeit mehr dazu gehabt. Es hatte ihm auch nicht gefehlt. Sein Leben war mit Arbeit, Haus und Familie reichlich ausgefüllt gewesen. Aber jetzt freute ihn der Gedanke ungemein, wieder ein eigenes Instrument zu besitzen.

Robert ging rasch in die Küche, um Anni von seinem Fund zu erzählen. Die aber rollte nur die Augen und meinte: »Ach Schatz, wozu in aller Welt brauchst du denn ein Schifferklavier? Du kannst doch gar nicht spielen!«– und nach einer kurzen Pause fügte sie hinzu: »Aber, ich habe da neulich im Möbelhaus ein wunderschönes Sofa gesehen – braun und rosa gestreift. Ein Traum sage ich dir! Und gesessen hat man darauf …, wirklich so was von bequem! Und es ließ sich sogar ausziehen, falls mal Gäste kämen …«

An dieser Stelle fiel Robert seiner Gattin ins Wort: »Meine liebe Anni, darf ich dich daran erinnern, dass wir ein sehr komfortables Gästezimmer haben und unser Sofa gerade mal zwei Jahre alt ist? Aber bitte, wenn du unbedingt eines in Rosa haben musst, kaufen wir es eben, wenn ich dafür meine Ziehharmonika bekomme!«

Anni drehte rasch den Kopf zur Seite, trotzdem konnte er ihr schelmisches Lächeln sehen. Kurz darauf flötete sie begeistert: »Gut Schatz, ist genehmigt! Ich werde dann gleich mal zum Möbelhaus fahren!«

Robert schüttelte verständnislos den Kopf. Wie das weibliche Gehirn funktionierte, würde er in diesem Leben ganz sicher nicht mehr begreifen. Aber zumindest stand seinem Plan jetzt nichts mehr im Wege.

Er nahm die Zeitung zur Hand und rief den Verkäufer des Akkordeons an. Wenig später machte er sich auf den Weg, um das gute Stück zu besichtigen.

Der Anblick und der Klang des Instrumentes lösten in ihm ganz ähnliche Gefühle aus, wie das rosa Sofa bei seiner Frau. Kurz gesagt, Robert wusste sofort: Dieses Schifferklavier hatte auf ihn gewartet! Und da er an jenem Tag ganz in der Stimmung war, Nägel mit Köpfen zu machen, nahm er das schöne Stück gleich mit nach Hause.

Am nächsten Tag wurde auch schon das neue Sofa für seine Frau geliefert. Glücklich ließ sie sich darauf nieder und begann, ein Buch zu lesen, während Robert auf seinem neuen Instrument übte.

Es dauerte nicht lange, da schlug Anni ihrem Mann mit zuckersüßer Stimme vor: »Liebling, magst du nicht lieber im Garten spielen? Ich habe neulich irgendwo gelesen, dass Musik den Pflanzen sehr gut bekommen soll. Sie würden dadurch viel bessere Erträge bringen und man spart auch noch das Düngemittel! Auf diese Weise könntest du dann quasi irgendwann das Geld für deine Ziehharmonika zurückverdienen.«

»Was für eine glänzende Idee, mein Herz«, gab Robert zur Antwort, während er sich etwas tiefer in seinen Sessel sinken ließ. »Aber das werde ich erst dann tun, wenn du dein Sofa vermietest, um die Kosten dafür zurückzuverdienen.«

Zahnweh

Den Martin plagt ein Backenzahn,
groß und breit, ganz hinten.
Und immerfort hofft er vergebens,
die Pein mög doch verschwinden.

Am ersten Tage denkt er noch:
»Ein bisschen Kopfweh ist nicht wild.
Ganz sicher ist das Wetter Schuld,
mal ist es kalt, dann wieder mild.«

Am zweiten Tag kaut Martin tapfer
das Brot und auch den Braten.
Wie sehr der Zahn ihn dabei quält,
kann man bislang nur raten.

Am nächsten Tag soll ihm sein Frauchen
Suppe kochen oder Brei.
Ansonsten spricht der Martin kaum,
und mag nicht mal sein Frühstücksei.

Trotzdem will er vom Arzt nichts hören,
ist doch ein Metzger bloß in Weiß.
Beim Gedanken nur an Spritz und Zange,
wird dem Martin kalt und heiß.

Am vierten Tage, ach und weh,
schaut er schon ganz kläglich drein.
Schmerztabletten sollen nun die Lösung
für das arge Zahnweh sein.

Doch nein, die Backe klopft und hämmert,
bohrt und sticht und sägt.
Am Nachmittag hat sich der Martin
verzweifelt in sein Bett gelegt.

Das Frauchen bringt ihm warme Tücher,
Milch mit Honig, Schnaps und Tee.
Der Martin trinkt nur einen Schluck,
und fährt vor Schmerzen in die Höh'.

Auch die Nacht bringt keine Ruhe,
der ganze Kopf beinah zerspringt.
Nun weiß der Martin nur noch eins:
»Der Zahn muss raus – und zwar geschwind!«

Er schwankt zum Zahnarzt, gar nicht weit,
und ist zum Äußersten bereit.
Mit Spritze, Zange und Geschick,
entfernt der Doktor das kranke Stück.

Vorbei ist nun die Plage,
vorbei die bangen Tage.
Wie wird dem Martin leicht ums Herz,
jetzt scheint ihm alles wie ein Scherz.

Die Weltreise

Erich und seine Gerda waren seit 27 Jahren verheiratet und so lange sie zurückdenken konnten, war es ihr größter Traum, einmal auf Weltreise zu gehen.

In jüngeren Jahren gab es immer Gründe, die sie am Reisen gehindert hatten: Zuerst war kein Geld da, dann hatten sie kleine Kinder, später mussten Haus und Auto abgezahlt werden. Außerdem hätten sie nie lange genug Urlaub nehmen können, um wirklich die Welt zu sehen. So verschoben Erich und Gerda die Reise Jahr um Jahr, bis sie sich schließlich darauf einigten, ihren Traum wahr zu machen, sobald sie in Pension wären.

Und nun war endlich der richtige Zeitpunkt da. Das Warten hatte ein Ende. Die beiden mussten nicht mehr arbeiten, die Kinder waren längst aus dem Haus und auch sonst gab es keine Gründe, die Reise länger hinauszuschieben. Erich und Gerda ließen sich in einem Reisebüro beraten und buchten am Ende eine Weltreise für Zwei mit allen interessanten Stationen, die sie aus Büchern und vom Fernsehen kannten.

Über Monate trafen die beiden alle nötigen Vorbereitungen. Es wurden passende Kleider für alle Eventualitäten gekauft: von der Safariausstattung bin hin zu Frack und Abendkleid für den Kapitänsempfang auf dem Kreuzfahrtschiff. Das Paar besorgte Landkarten und Reiseführer für jede Station des Weges. Erich meldete sich zu einem Tauchlehrgang an und besuchte einen Sprachkurs in Spanisch. Gerda ging jede Woche zur Gymnastik, damit sie sich auf Hawaii im Badeanzug nicht schämen müsste. Zuletzt wurde der Hund zu Bekannten gegeben und die Nachbarin gebeten, die Blumen zu gießen.

Dann war der große Tag gekommen. Erich und Gerda standen mit üppigem Gepäck am Bahnhof, um die erste Etappe ihrer Reise anzutreten: mit dem Zug von Garmisch-Partenkirchen nach Hamburg. Erich beobachtete die ein- und ausfahrenden Züge, während Gerda grübelte und überzeugt war, das Wichtigste vergessen zu haben. »Erich, hast du auch deinen Rasierapparat eingepackt und die Pantoffeln?«, fragte sie ihren Mann. »Und den Wecker? Mein Gott, ich glaube, wir haben den Wecker vergessen! Wie peinlich das wäre, wenn wir im Hotel zu spät zum Frühstück kämen!«

»Aber, Gerda!«, versuchte Erich sie zu beruhigen. »Ich bin ganz sicher, dass wir an alles gedacht haben. Außerdem kann man sich im Hotel auch vom Portier wecken lassen.«

Doch so leicht ließ sich Gerda ihre Sorgen nicht nehmen: »Mag ja sein, dass man sich im Hotel wecken lassen kann. Aber wer weckt uns denn im Dschungel mitten in Afrika? Da versteht uns ja noch nicht mal jemand! Da werden wir vielleicht nachts von Hyänen überfallen oder von giftigen Schlangen gebissen, und keiner versteht uns, wenn wir um Hilfe schreien. Guter Gott, ich darf gar nicht daran denken!«

Erich legte beschwichtigend den Arm um seine Frau und meinte: »Mein lieber Schatz, jetzt mach dir keine Gedanken. Schau, wir haben uns so lange auf diese Reise gefreut. Da wollen wir uns jetzt nicht mit unnötigen Sorgen alles kaputt machen, oder?«
»Na schön, du hast ja Recht«, gab Gerda kleinlaut zu.

Als wenig später der Zug kam, stieg das Paar ein. »Wie komfortabel die Züge heutzutage sind«, wunderte sich Erich. »Es ist ja wirklich Ewigkeiten her, dass wir zum letzten Mal mit der Bahn gefahren sind.«
»Ja, wirklich Ewigkeiten«, erwiderte seine Frau. »Wie lange dauert die Fahrt bis Hamburg eigentlich genau?«
Erich kramte die Fahrkarten heraus und schaute nach. »Exakt 8 Stunden und 54 Minuten«, gab er stolz Auskunft. Schließlich waren sie jetzt Weltreisende, da hatte man eben auch entsprechende Strecken zurückzulegen.

Die Fahrt begann. Erich und Gerda schauten aus dem Fenster und betrachteten die vorbeiziehende Landschaft. Zwischendurch dösten sie ein wenig, lasen in einer Zeitschrift oder aßen ihre Brote.

Nach einigen Stunden Fahrt meinte Erich: »Jetzt habe ich aber schon lange keine Berge mehr gesehen. Ist ganz schön flach hier. Also ich könnte in keiner Gegend wohnen, in der es keine Berge gibt. Schrecklich!«

Gerda blickte von ihrer Zeitung auf und meinte: »Ich fürchte, Berge werden wir in den nächsten Wochen kaum sehen. Und wenn, dann mit Sicherheit nicht so schöne wie bei uns daheim.«

»Hm«, brummte Erich. »Wahrscheinlich hast du Recht. Haben wir ein Kissen oder so etwas dabei? Mit tut schon jeder Knochen weh von der langen Sitzerei.«

Gerda konnte sich ein Lächeln nicht verkneifen. »Nein, ein Kissen haben wir nicht dabei. Siehst du, ich habe doch gesagt, dass wir etwas Wichtiges vergessen haben. Und dabei sind wir gerade mal 4 Stunden unterwegs. Bin mal gespannt, wie es uns heute Abend gehen wird, wenn wir in Hamburg ankommen.«

Erich rutschte unbehaglich auf seinem Sitz umher und meinte: »Das frage ich mich so langsam auch.« Und wenig später fügte er hinzu: »Wie es wohl unserem Hund geht? Hoffentlich kümmern sich die Baumanns gut um ihn!«

»Ja, armer Hasso!«, seufzte Gerda. »Er wird uns bestimmt vermissen. Er kennt sich wahrscheinlich gar nicht mehr aus, bis jetzt war er ja immer bei uns. Eigentlich ist es unverantwortlich, einem Tier das anzutun, nur weil wir meinen, wir müssten die Welt bereisen.«

Erich überlegte kurz und entgegnete dann mürrisch: »Vielleicht hätten wir wirklich besser daheim bleiben sollen. Da kann man sich wenigstens vernünftig bewegen und bequem sitzen.« Dann drehte er sich zur Seite und schloss die Augen.

Am nächsten Bahnhof stiegen so viele neue Fahrgäste zu, dass sich das Abteil bis auf den letzten Platz füllte. Neben Erich und Gerda saßen nun dicht gedrängt weitere Passagiere und zwischen ihren Füßen standen Gepäckstücke. Sie wagten kaum zu atmen, um ihre Nachbarn nicht anzustoßen.

Nach einer Weile strich Erich über die Hand seiner Frau und fragte besorgt: »Liebling, geht es dir gut? Du schaust so blass aus?«

Gerda schüttelte den Kopf, hielt dann rasch eine Hand vor den Mund, sprang auf und lief in Richtung Toilette.

Als Gerda zurückkam, hatte ihr Gesicht einen grünlichen Schimmer. Sie setzte sich vorsichtig hin und lehnte sich gegen das Fenster. »Schatz, ich will nach Hause in mein Bett«, wimmerte sie.

Erich sah seine Frau an und flüsterte ihr zu: »Weißt du was, meine Liebe, am nächsten Bahnhof steigen wir aus. Dann suchen wir uns ein Hotel, schlafen ordentlich aus und fahren morgen zurück nach Hause. Diese Quälerei hier braucht kein Mensch!«

Da erstrahlte Gerdas fahles Gesicht. Sie beugte sich mühsam zu Erich hinüber und umarmte ihn: »Oh, was bin ich froh! Einen größeren Gefallen könntest du mir gar nicht tun! Wie sind wir bloß jemals auf die Idee gekommen, eine Weltreise zu machen?«

Das gute Porzellan

Wer kennt es nicht nur allzu gut,
das Porzellan, das Feine.
Meist steht es in Vitrine oder Schrank,
ganz majestätisch und alleine.

Nur selten wir es rausgeholt
vielleicht zur Hochzeit oder Taufe.
Es ist ja gar so delikat
und ach, wie teuer war's beim Kaufe.

Nicht auszudenken wäre es,
würd da etwas zerbrechen.
Ein Kratzer nur auf einem Teller,
wär schon ein Verbrechen.

Und wie's so ist bei Festlichkeiten,
da laufen Kinder kreuz und quer.
Eins zieht am Tischtuch unbedacht,
geschehen ist schon das Malheur.

Was würde da ein Tässchen kosten,
der Goldrand schon allein!
Ich mag erst gar nicht daran denken,
was könnt wohl schlimmer sein!

Da lass ich's lieber gleich im Schrank,
das gute Porzellan.
Da steht es sicher, ohne Kratzer,
wunderschön, ganz hinten dran.

So einfach schont man seine Nerven,
vermeidet Magendrücken und Infarkt.
Gleiche gehe ich und kaufe mir
ein billiges Geschirr vom Markt.

Fridolin und der Weihnachtsengel

Es begann an einem frostigen, ansonsten aber unauffälligen Tag Ende November.

Fridolin hatte sich auf seinem Lieblingssofa fest zusammengerollt. Er schwor sich, nie wieder einen Fuß vors Haus zu setzen, solange die Erde von diesem grauenhaft eisigen, weißen und nassen Etwas bedeckt war, das die Menschen Schnee nannten. Der Himmel mochte wissen, woher das plötzlich alles kam.

Es war doch so schön und freundlich gewesen, im Mai, als er, der stolze Kater Fridolin, geboren worden war. Und in den Monaten darauf war es noch wärmer und kuscheliger geworden. Gut, die Herbsttage waren öfter feucht und kühl gewesen, aber wer hätte denn ahnen können, dass es noch viel schlimmer kommen würde.

»Schnee, brrr!«, dachte Fridolin verächtlich und putzte seine kalten Pfötchen. Danach wollte er sich ein Nickerchen in der warmen Stube gönnen, um sich von dem Schrecken zu erholen.

Doch gerade, als sein Herzschlag sich beruhigte und ihm die Lider schwer wurden, polterte die Hausfrau mit einem Stapel Kartons ins Zimmer. Sie packte einen nach dem anderen aus und verteilte den Inhalt hier und dort im Raum. Auf die Kommode stellte sie ein seltsames Männchen, das grimmig dreinschaute und riesige Zähne hatte. Auf dem Rücken befand sich eine Art Hebel. Daneben kam ein Gebilde aus Holz, das nach oben spitz zulief und am Kopf lauter kleine Flügel hatte. Auf dem Gestell standen viele kleine Figuren, die immerzu im Kreis liefen, als das Frauchen ringsum Kerzen anzündete. Außerdem wurden überall im Haus Tannenzweige verteilt, rote Schleifen, Kerzen und allerlei rätselhafte Gestalten. Fridolin verstand die Welt nicht mehr.

In der darauffolgenden Nacht schlich er neugierig durch das Haus, um alles noch einmal aus der Nähe zu betrachten. Auf einem Schrank entdeckte er ein freundlich lächelndes Wesen, das aussah wie ein bezauberndes kleines Mädchen mit üppigen blonden Locken und einem bestickten weißen Kleidchen. Auf dem Rücken aber hatte das Püppchen Flügel wie ein Huhn.

Fridolin sprang mit einem Satz auf den Schrank und rieb zärtlich seine Backen an der lieblichen Figur. Da vernahm er eine sanfte Stimme: »Oh, wie wunderbar weich du bist!«

Der Kater sah das Mädchen ungläubig an und fragte: »Hast du eben mit mir gesprochen?«

Das Flügelpüppchen lächelte und meinte: »Ja, das war ich. Wie heißt du denn? Ich habe dich hier noch nie gesehen.«

»Ich heiße Fridolin und bin erst im vergangenen Frühling geboren«, erwiderte der Kater.

»Ach so.« Das Mädchen nickte verständnisvoll. »Deshalb sind wir uns noch nie begegnet. Ich werde nämlich immer nur zu Weihnachten herausgeholt. Das restliche Jahr muss ich in einem dunklen Karton auf dem muffigen Dachboden liegen.«

»Himmel ist das grausam!«, entrüstete sich Fridolin. »Aber was genau ist denn dieses Weihnachten und warum wirst du nur dann aufgestellt?«

Das Püppchen überlegte kurz und begann dann zu erklären: »Weißt du, ich bin ein Weihnachtsengel und die Menschen stellen mich auf, damit ich ihnen Frieden, Liebe und Freude bringe. Aber nach Weihnachten räumen sie mich wieder weg, dann scheinen sie mich nicht mehr zu brauchen. Und da die Weihnachtszeit nur ein paar Wochen dauert, verbringe ich den größten Teil des Jahres traurig und allein auf dem Dachboden.«

Das kam Fridolin schrecklich ungerecht vor, und er versuchte das zierliche Wesen zu trösten. Sanft drückte er den Engel gegen sein weiches Fell, woraufhin das Püppchen hell auflachte, weil die Haare seine Nase kitzelten. Dann seufzte der Engel tief und flüsterte: »Oh, wie herrlich es ist, nicht mehr so einsam zu sein.«

Von diesem Tag an verbrachte der Kater jede Nacht bei dem Weihnachtsengel. Sie erzählten sich Geschichten, bis sich Fridolin endlich an die Füße des Püppchens legte und friedlich einschlief. Am Morgen weckte ihn der Engel, bevor die Menschen den Kater auf dem Schrank entdecken konnten. So vergingen herrlich unbeschwerte Wochen für die beiden.

Eines Abends wirkte der Engel aber sehr bedrückt und sagte: »Mein lieber Fridolin, die Weihnachtszeit ist nun vorüber und die Hausfrau wird mich morgen wieder in die Kiste packen und auf den Dachboden bringen. Wir werden uns dann viele Monate nicht sehen können.«

Fridolin schwieg lange. Es schien keine Worte zu geben, die ihnen hätten helfen können. Sanft legte er ein Pfötchen auf die nackten Füße des Engels, aber schlafen konnte er in dieser Nacht nicht.

Plötzlich sprang Fridolin auf und flüsterte: »Hab keine Angst, Engelchen! Niemand wird dich jemals wieder in einer finsteren Kiste einsperren.« Damit nahm er das Püppchen behutsam zwischen seine Zähne und schlich sich lautlos aus dem Haus. Er trug das zierliche Geschöpf durch die frostige Nachtluft über den Hof. Dann schlüpfte er durch ein gekipptes Fenster in die Scheune und legte den Engel schließlich in ein weiches Bett aus Heu. Erleichtert betrachtete der Kater das Püppchen und erklärte ihm: »Schau, das ist der Heuboden. Unter uns ist der Stall mit Kühen und Schweinen, deshalb ist es hier immer recht warm. Und in diese Ecke verkrieche ich mich immer, wenn ich nicht im Haus schlafe. Hier hat mich noch nie jemand entdeckt und auch dich wird hier keiner finden. Jetzt bist du in Sicherheit und wir werden uns nie mehr trennen müssen.«

Das Gesicht des Engels strahlte wie tausend Sterne und gleichzeitig rannen ihm dicke Tränen aus den Augen. Wenig später fiel der Weihnachtsengel zum ersten Mal in seinem Leben in einen tiefen, glückseligen Schlaf.

Von nun an erlebten er und Fridolin jeden Tag das, was der Engel bisher nur den Menschen gebracht hatte: Frieden, Liebe und Freude.

Anekdoten und Witze

Kindermund

Der kleine Dennis im Gespräch mit seiner Mutter: »Du, Mama, ich glaube, bei der Geschichte mit den Störchen stimmt etwas nicht!«
»Wieso das denn?«, fragt die Mama nach.
»Na, die Störche fliegen doch im Winter nach Afrika und ich bin im Dezember geboren!«

Die kleine Eva betrachtet nachdenklich ihren Vater und entdeckt an seinen Schläfen die ersten grauen Haare.
»Papa!«, ruft sie erschrocken. »Du fängst ja an zu schimmeln!«

Familie Schmidt sitzt am Mittagstisch. Es gibt Spinat und Kartoffeln, was der kleine Franz von Herzen verabscheut. Er ist heute mit dem Tischgebet an der Reihe und spricht: »Komm, Herr Jesus, sei unser Gast, dann schmeckst du, was du uns bescheret hast!«

Die Oma sitzt am Bettchen ihrer Enkelin und liest ihr Märchen vor. Schließlich unterbricht sie der Kleine: »Oma, kannst du bitte ein bisschen leiser lesen. Ich möchte endlich schlafen!«

Die Kindergärtnerin besucht mit ihrer Kindergruppe die Kirche. Da sieht Lieschen den Beichtstuhl und ruft begeistert: »Schau mal, Tante Rosa, die haben auch ein Kasperltheater.«

Die Brüder Franz und Jochen sehen auf der Straße ein Polizeiauto mit Blaulicht. »Die fahren bestimmt zu einem Unfall«, sagt Franz.
»Weißt du eigentlich«, fragt Jochen, »dass die Polizei auch Hubschrauber hat?
»Ja«, meint Franz, »falls mal was im Himmel passiert.«

Lottchen hat gerade im Kindergarten den Handstand gelernt und übt immer wieder ganz begeistert. Als sie am Nachmittag mit ihrer Mutter einkaufen geht, mahnt diese streng: »Lottchen, unterwegs kannst du aber keinen Handstand machen, weil sonst alle Leute dein Höschen sehen.«
Während die Mutter auf dem Markt einkauft, schaut sich die Kleine neugierig um. Nach einer Weile kommt sie ihrer Mutter strahlend entgegengelaufen und ruft freudig: »Mama, ich habe doch Handstände gemacht. Das Höschen habe ich vorher ausgezogen.«

Der kleine Hans betrachtet voller Neid den Hund seines Freundes. »Ich habe mir zum Geburtstag auch einen Hund gewünscht, aber meine Eltern wollen mir keinen schenken«, klagt er.
»Vielleicht fängst du es falsch an«, meint der Freund.
»Wie soll ich es denn sonst machen?«, fragt Hans interessiert.

»Ganz einfach«, erklärt ihm sein Freund. »Du musst dir keinen Hund, sondern ein Brüderchen wünschen. Dann bekommst du deinen Hund!«

Die kleine Uschi hat im Fernsehen einen Film über Afrika gesehen. Danach fragt sie ihren Bruder, wo denn Afrika eigentlich liegt.
Der Junge überlegt kurz und meint dann: »Genau weiß ich es auch nicht, aber allzu weit kann es nicht weg sein. Wir haben im Hort eine Erzieherin aus Afrika und die kommt immer mit dem Fahrrad.«

Lieschen ist zu Besuch bei ihrer Großmutter. Als die beiden abends zu Bett gehen, erklärt die Oma, sie lasse in der Küche immer das Licht an, wegen der Einbrecher.
»Ach das brauchst du nicht, Oma«, meint Lieschen. »Die Räuber haben doch Taschenlampen.«

Klaus fragt seinen Freund Hans nach dem Religionsunterricht, was eigentlich eine Sünde ist.
Hans erklärt ihm: »Eine Sünde ist, wenn man etwas tut, was verboten ist. Und je schlimmer man sündigt, desto härter wird man bestraft. Ein Mörder zum Beispiel muss mindestens 60 Vaterunser beten.«

Die Schulklasse unternimmt einen Ausflug zu einer mittelalterlichen Burg. Der Lehrer fragt seine Schüler, wer denn schon etwas über das Mittelalter erzählen könne. Da meldet sich Paul eifrig zu Wort: »Im Mittelalter gab es viele

Hexen. Damals wurden sie verbrannt. Heute kommen sie nur ins Gefängnis und dürfen sich einen Anwalt nehmen.«

Familie Kunz sitzt beim Mittagessen.
»Steffi«, mahnt die Mutter ihre Tochter »jetzt iss endlich deine Suppe auf! Viele Kinder wären froh, wenn sie nur die Hälfte davon hätten!«
»Ich auch«, seufzt Steffi.

Der Lehrer sagt zu seinen Schülern »Man sollte wenigstens einmal am Tag versuchen, einen anderen Menschen glücklich zu machen. Hat vielleicht gestern einer von euch jemanden glücklich gemacht?«
Hans meldet sich: »Ja, Herr Lehrer, ich habe gestern Nachmittag meine Oma besucht und sie war sehr glücklich, als ich wieder gegangen bin.«

Karla war bei einer Freundin zum Essen eingeladen. Als sie wieder nach Hause kommt, fragt ihre Mutter: »Na, Karla, wie hat das Essen denn geschmeckt?«
Karla verzieht angewidert das Gesicht und meint: »Bähhh, aber zumindest weiß ich jetzt, warum die vor dem Essen immer beten.«

Im Deutschunterricht fragt die Lehrerin die Klasse: »Wenn ich sage: Ich bin hübsch. Welche Zeitform ist das?«
Robert meldet sich: »Vergangenheit, Frau Lehrerin!«

Peter trifft seinen Klassenlehrer auf der Straße.
»Nimm bitte deine Hände aus den Taschen, wenn du mich grüßt!«, mahnt der Lehrer den Jungen.
»Aber ich habe Sie doch gar nicht gegrüßt!«, verteidigt sich Peter energisch.

Der neue Pfarrer ist gerade im Ort angekommen und möchte seine künftige Dienstelle besichtigen. Er hält an und fragt einen Jungen nach dem Weg zur Kirche. Fritz erklärt ihm freundlich den Weg. Daraufhin bedankt sich der Pfarrer und meint: »Siehst du, jetzt hast du mir den Weg zur Kirche gezeigt und kommenden Sonntag im Gottesdienst werde ich dir den Weg in den Himmel zeigen.«
Fritz schaut skeptisch drein und erwidert: »Wie können Sie denn den Weg zum Himmel wissen, wenn Sie noch nicht einmal die Kirche finden?«

Draußen beginnt es kräftig zu regnen. Die kleine Margrit schnappt sich ihren neuen Regenschirm und läuft damit ins Freie, um ihn auszuprobieren. Sie springt vergnügt durch den Garten und freut sich, dass sie nicht nass wird. Erst als es kräftig blitzt, saust sie aufgeregt zurück ins Haus und ruft: »Mami, denk nur, der liebe Gott hat mich gerade mit meinem neuen Schirm fotografiert!«

Familie Müller will ihren Sommerurlaub in Italien verbringen. Großmutter Lena macht sich Sorgen und berichtet: »Habt ihr denn nicht in der Zeitung gelesen, dass der Vesuv schon wieder ausgebrochen ist?«

»Ach Omi, du musst dir keine Gedanken machen«, erklärt die Enkelin beruhigend. »Bis wir hinkommen, haben sie den bestimmt schon wieder eingefangen.«

Eine Hebamme kommt in eine kinderreiche Familie, um nach dem jüngsten Nachwuchs zu schauen. Als sie in der kleinen Wohnung auch noch eine Ente umherwatscheln sieht, meint sie mitfühlend: »Ach, haltet ihr auch noch eine Ente?«
»Das ist keine Ente«, klärt sie ein kleiner Junge auf. »Das ist der Klapperstorch. Der hat sich bei uns die Beine abgelaufen.«

Familie Weber ist in eine neue Wohnung gezogen. Stolz erzählt die jüngste Tochter in der Schule: »Ich habe jetzt ein eigenes Zimmer, mein Bruder hat ein eigenes Zimmer und meine Schwester auch. Nur der Papa muss wieder bei Mama schlafen.«

Mäxchens große Schwester hat sich neue Stiefel gekauft. Sie freut sich und schwärmt: »Ich kann gar nicht glauben, wie bequem die Stiefel sind. Ich fühle mich darin wie in meiner eigenen Haut.«
»Kein Wunder!«, brummt Mäxchen. »Die sind ja auch aus Ziegenleder.«

Der Familienvater kommt am Abend nach Hause und ruft seinen Sohn zu sich. »Florian, komm mal her! Ich habe heute deinen Klassenlehrer getroffen. Er hat mir erzählt, dass er sich große Sorgen um deine Schulnoten macht.«

»Ach, Papi«, entgegnet der Kleine, »was gehen uns denn die Sorgen fremder Leute an.«

Michael kommt weinend ins Haus gelaufen, weil er hingefallen ist und sich dabei das Knie aufgeschürft hat.
Seine Mutter tröstet ihn: »Der liebe Gott lässt das ganz schnell wieder heilen.«
Michael schaut sie fragend an: »Muss ich rauf, oder kommt er runter?«

Als ihre Tante heiratet, darf die kleine Rosi mit zur Hochzeit. Als die Feier zu Ende ist, gehen alle Gäste nach Hause. Nur Rosi will unbedingt bei dem frisch vermählten Paar bleiben.
»Rosi«, mahnt ihre Mutter, »es ist schon spät, wir müssen jetzt wirklich nach Hause gehen.«
»Ach Mama«, bettelt die Kleine, »lass uns doch wenigstens noch so lange bleiben, bis das erste Baby kommt!«

Paulchen kommt nach Hause und ruft: »Mami, ich bin in eine Pfütze gefallen.«
Die Mutter fragt enttäuscht: »Was denn? Mit deinen guten Sachen?«
»Ja, Mama«, erklärt Paulchen. »Ich hatte leider keine Zeit mehr zum Umziehen!«

Der Lehrer erklärt seinen Schülern, dass man Haustiere nicht küssen sollte. Das sei ungesund, weil dadurch viele Krankheiten übertragen werden könnten.

Der kleine Christoph meldet sich und meint: »Das stimmt ganz genau, Herr Lehrer! Meine Tante hat immer ihren Pudel geküsst und letzte Woche ist der arme Hund gestorben.«

In der Schule ist Zeugnisausgabe. Als der Lehrer dem Peter das Zeugnis überreicht, sagt er: »Wenn dein Vater deine Noten sieht, kriegt er graue Haare!«
Der Peter erwidert: »Da wird er sich aber freuen! Mein Vater hat nämlich schon seit Jahren einen Glatzkopf!«

Drei Buben unterhalten sich: Der erste meint: »Bei uns bringt der Storch die kleinen Kinder.«
Darauf erzählt der zweite Junge: »Bei uns bringt das Christkind die kleinen Kinder.«
Der dritte Bub druckst ein wenig herum und sagt dann: »Naja, wir sind arme Leute. Bei uns macht es der Papa noch selber.«

Die kleine Karin spielt gerade im Garten, als der Nachbar mit einer Schubkarre voll Mist vorbeifährt. Sie grüßt ihn freundlich über den Gartenzaun und fragt, was er denn mit dem ganzen Mist machen wolle.
Der Nachbar antwortet: »Der kommt auf die Erdbeeren.«
Karin schaut ihn verwundert an und entgegnet: »Ach wirklich? Also wir essen Erdbeeren immer mit Schlagsahne.«

Der kleine Franz erzählt dem Nachbarsjungen: »Wir haben an unserem Haus eine Veranda.«
Darauf erwidert der Nachbarsjunge: »Ätsch, und wir haben sogar eine Hypothek!«

Im Kindergarten gibt es zwei Erzieherinnen, die eine ist dick und die andere schlank. Eines Tages fragt ein kleiner Junge die schlanke Kindergärtnerin: »Hast du auch einen Busen?«
»Aber natürlich!«, antwortet die Frau etwas pikiert.
»Bringst du den morgen mal mit?«, erkundigt sich daraufhin der Junge.

Der Lehrer erklärt seinen Schülern: »Maulwürfe sind sehr nützliche Tiere. Ein einziger Maulwurf frisst pro Tag so viele Schädlinge wie er selbst wiegt.«
Die kleine Lena kann das nicht glauben und meint zweifelnd: »Aber Herr Lehrer, woher weiß denn ein Maulwurf so genau, wie viel er wiegt?«

Ein Junge steigt mit seinem Hund in den Bus ein und setzt sich neben eine vornehme Dame. Nach einer Weile faucht die Dame angeekelt: »Jetzt nimm endlich deinen Hund da weg. Ich spüre schon die Flöhe überall auf mir rumspringen.«
Da meint der Junge zu seinem Hund: »Komm, Rex, wir setzen uns woanders hin. Die Frau hat Flöhe.«

Die kleine Hannah fragt ihren Vater: »Papi, wieso heißen Enten eigentlich Enten?«
Der Vater holt tief Luft und beginnt zu erklären: »Also, meine Kleine, sie sehen aus wie Enten, laufen wie Enten und fressen wie Enten. Wieso sollten sie dann nicht Enten heißen?«

Als der Vater seinen Sohn am Morgen weckt, teilt er ihm freudig mit: »Stell dir vor, Johann, du hast letzte Nacht ein Schwesterchen bekommen!«
Der Kleine jubelt: »Oh, wie fein! Weiß es Mama schon?«

In der Schule fragt der Lehrer: »Wer von euch weiß, wie das kleinste Waldgebiet in Deutschland heißt?«
Hannes meldet sich und antwortet: »Das muss der Odenwald sein, Herr Lehrer!«
»Ganz falsch«, korrigiert der Lehrer. »Wie kommst du nur darauf, Hannes?«
Da erklärt der Junge: »Es gibt doch ein Lied, das heißt: ›Es steht ein Baum im Odenwald‹.«

Eine neue Kindergärtnerin fragt die kleine Rita: »Hast du eigentlich noch Geschwister?«
»Nein, leider nicht!«, bedauert Rita, doch sie fügt gleich stolz hinzu: »Aber meine Mutter ist sogar ein Zwilling!«
»Ach, wirklich!«, staunt die Erzieherin. »Und kannst du die beiden denn auseinanderhalten? Also, weißt du, welche von beiden deine Mama ist?«
»Das ist kein Problem!«, erklärt Rita. »Onkel Achim hat einen Schnauzer.«

Bei der Prüfung zum goldenen Hufeisen wird ein Mädchen gefragt: »Katja, nenne mir mal drei Gründe, wieso Pferde keine Eiben fressen dürfen!«
Katja überlegt kurz und erklärt dann: »Also, Mama sagt es, Papa sagt es und Sie sagen es auch!«

Familien- und Verwandtschaftsbande

Der Großvater erzählt seinem Enkel Klaus: »Stell dir mal vor, als ich in Alaska war, wurde ich von acht Wölfen angefallen!«
»Aber Opa«, erinnert sich der Kleine, »letztes Jahr hast du gesagt, es seien nur vier gewesen.«
»Da warst du auch noch zu jung, um die ganze Wahrheit zu erfahren!«, erklärt ihm der Großvater.

Ein Ehepaar geht wegen starker Zahnschmerzen zum Zahnarzt. Als sie aufgerufen werden, geht die Frau in den Behandlungsraum und erklärt: »Ich möchte einen Zahn ziehen lassen, aber ohne Betäubung!«
»Wirklich ohne Betäubung?«, fragt der Zahnarzt ungläubig.
»Ja, natürlich!«, erwidert die Frau. »Und bitte nur mit einer einfachen Zange, ich mag all dieses neumodische Zeug nicht. Einfach ordentlich ziehen und raus mit dem Backenzahn!«
Der Arzt staunt: »Sie sind ja wirklich mutig. Dann setzen Sie sich doch bitte mal auf den Behandlungsstuhl.«
»Wieso denn ich?«, antwortet die Frau. »Mein Mann hat doch Zahnschmerzen ...«

Das Ehepaar Müller macht Urlaub im Gebirge. Sechs Stunden lang sind sie schwitzend in den Bergen herumgeklettert und nach vielen Strapazen endlich auf dem Gipfel angekommen.

Der Mann schwärmt: »Sieh nur, Liebling, wie herrlich das Tal da unten liegt mit diesem reizenden Dörfchen mittendrin. Und wie malerisch sich der Fluss durch Wiesen und Wälder schlängelt!«
Seine Frau erwidert gereizt: »Und warum lässt du mich stundenlang hier heraufkraxeln, wenn es da unten so wundervoll ist?«

Tante Hanni ist zu Besuch und trinkt zum ersten Mal in ihrem Leben Whisky. »Komisch!«, meint sie. »Der riecht genau wie die Medizin, die Onkel Albert seit 30 Jahren nimmt.«

Ein 85-Jähriger wird bei seiner goldenen Hochzeit gefragt, welche Zeit die schönste während seiner Ehe war. Nach kurzem Überlegen antwortet er: »Die Jahre in Kriegsgefangenschaft.«

Ein Mann ruft seinen Hausarzt an, weil seine Frau krank im Bett liegt. Der Arzt fragt, ob die Frau auch Fieber hat. Daraufhin erklärt der Ehemann: »Wir sind nicht sicher, unser Fieberthermometer ist nämlich kaputt. Aber das Einkochthermometer steht auf Kirschen.«

Ein Mann erklärt seiner Frau, dass er die Miete ab jetzt von der Sparkasse überweisen lässt.
»Das ist aber eine gute Idee, Schatz«, erwidert seine Gattin, »schließlich haben die viel mehr Geld als wir.«

Eine Familie sitzt zusammen am Mittagstisch. Als alle mit dem Essen fertig sind, fragt die Mutter: »Wer isst denn jetzt noch das letzte Würstchen und den restlichen Kartoffelsalat?«
Alle schweigen betreten. Der Vater antwortet schließlich »Ja, dann gib's halt mir.«
Da schaut der Sohn zur Mutter und meint: »Gell, Mama, wenn wir den Papa nicht hätten, müssten wir uns wirklich eine Sau halten!«

Ein junges Paar streitet sich. »Immer bist du anderer Meinung als ich!«, kreischt Eva ihren Mann an.
»Na, zum Glück!«, erwidert Markus. »Sonst hätten wir ja beide Unrecht!«

Ein Ehemann versteckt sich vor seiner bösen Frau hinter dem Sofa. Als sich ein Besucher wundert, ihn dort zu finden, schreit er zornig: »Ich bin hier der Hausherr und ich kann sitzen, wo es mir gefällt!«

Der Ehemann packt eine kleine Tasche und brüllt seine Frau an: »Ich bin es leid! Schluss! Aus! Ein für alle Mal! Ich hau ab! Meinetwegen in den afrikanischen Dschungel, wo man wie ein echter Mann, Auge um Auge, mit Tigern kämpfen kann. Oder ich werde mit einem Schiff die Welt umsegeln. Oder als Eremit einsam in den Bergen leben, und mich von dem ernähren, was die Natur mir bietet.«
Der Mann stürmt zur Tür, reißt sie auf und bleibt abrupt stehen.

»Da hast du aber noch mal Glück gehabt!«, brummt er. »Es regnet.«

Ein Ehepaar fährt nach einer Geburtstagsfeier nach Hause. Die Frau beschimpft ungehalten ihren Gatten: »Du hast wieder mal nur Blech geredet. Ich hoffe wirklich, es ist keinem aufgefallen, dass du nüchtern warst!«

Ein junges Paar steht vor dem Traualtar.
»Reicht euch die Hände!«, spricht der Pfarrer. »Von nun an seid ihr Mann und Frau.«
Der Bräutigam schaut irritiert und fragt: »Ach, was waren wir denn vorher?«

Es ist Sonntagmorgen. Der kleine Ralf bettelt: »Ach Papi, bitte geh mit mir in den Zirkus!«
»Ich hab keine Zeit«, brummt der Vater, »Außerdem mag ich keine Clowns.«
Ralf gibt nicht auf und setzt hinzu: »Aber da soll eine nackte Tante auf einem Elefanten reiten.«
»Na gut«, gibt der Vater nach. »Ich habe schon lange keinen Elefanten mehr gesehen.«

Hilde versucht seit Jahren erfolglos, ihrem Mann das Trinken abzugewöhnen. Schließlich bekommt sie den Rat, sie solle ihrem Gatten eine tote Maus in die Schnapsflasche stecken, sodass er vor Ekel nie mehr trinken werde.
Hilde befolgt den Rat und stellt die Flasche mit der Maus auf den Wohnzimmertisch. Dann geht sie in die Küche

und wartet ab. Endlich hört sie, wie ihr Mann die Stube betritt und dann geschieht lange nichts.
Irgendwann hält es Hilde vor Neugier nicht mehr aus und geht ins Wohnzimmer. Dort sieht sie ihren Mann sitzen. Er wringt mit beiden Händen die Maus über dem Schnapsglas aus und meint: »Na komm, mein Mäuschen, ein Doppelter muss es noch werden!«

Ein Ehemann geht in die Stadt, um für seine Frau ein Geburtstagsgeschenk zu besorgen. In einem Bekleidungsgeschäft, erklärt er der Verkäuferin: »Ich möchte bitte eine Bluse für meine Frau.«
»Welche Größe?«, fragt die Verkäuferin.
»Egal«, meint der Mann. »Eine zum Umtauschen.«

Carla ist seit einigen Monaten im Internat und schreibt ihren Eltern einen Brief: »Ihr Lieben daheim, ich bin gesund und auch sonst geht es mir gut hier. Das Essen ist reichlich und schmeckt klasse. Ich habe wohl auch schon einige Kilo zugenommen. Wenn die Waage am Bahnhof stimmt, wiege ich jetzt ohne Kleider 32 Kilo.«

Ein Ehepaar sitzt am Abend gemeinsam vor dem Fernseher. Der Mann sagt zu seiner Frau: »Du, meine Füße sind eingeschlafen!«
»Ach!«, entgegnet seine Gattin. »So wie sie riechen, dachte ich, sie wären schon tot!«

Robert kommt mit seinem Zeugnis von der Schule und zeigt es seiner Mutter. Die schimpft empört: »Wie, du hast in Betragen eine Fünf? Nimm dir ein Beispiel an deinem Vater, der ist schon dreimal wegen guter Führung vorzeitig entlassen worden!«

Eine Frau fragt ihren Mann beleidigt: »Sag mal, warum gehst du eigentlich immer auf den Balkon, wenn ich singe?«
Ihr Mann erklärt: »Ich will mich nur draußen sehen lassen, damit die Nachbarn nicht denken, ich würde dich schlagen!«

Frau Gruber liest in einem Gedichtband. »Schau doch mal, Peter!«, ruft sie ihrem Mann zu. »Hier hat doch tatsächlich ein gewisser Heinrich Heine das Gedicht abgeschrieben, das du vor 40 Jahren eigens für mich verfasst hast!«

Ein junger Architekt schreibt an das Finanzamt: »Ich habe kürzlich erfahren, dass man außergewöhnliche Belastungen und Sonderausgaben von der Steuer absetzen kann. Meine Frau ist eine außergewöhnliche Belastung und Sonderausgaben macht sie ständig. Kann ich sie einfach irgendwo absetzen, oder muss es an einer bestimmten Stelle sein?«

Die kleine Sonja fragt ihre Tante: »Sag mal, warum habt ihr eigentlich keine Kinder?«
Die Tante antwortet: »Weißt du, Sonja, der Klapperstorch hat uns noch keine gebracht.«
»Ach so«, meint die Kleine. »Wenn ihr noch an den Klapperstorch glaubt, dann ist mir alles klar.«

Es ist Dienstagmorgen. Ein Beamter sitzt daheim beim Frühstück und liest die Zeitung. Seine Frau bringt ihm Kaffee und Spiegeleier.
Drei Stunden später sitzt der Beamte immer noch am Tisch, liest Zeitung, trinkt Kaffee, nickt ab und zu ein oder schaut aus dem Fenster. Da fragt ihn seine Frau: »Schatz, musst du denn heute gar nicht zur Arbeit?«
Der Beamte springt erschrocken auf und ruft: »Du meine Güte! Ich dachte, da wäre ich längst!«

Am Tag vor der Hochzeit spricht Tante Resi mit der jungen Braut: »Mein Kind«, erklärt sie, »im Leben jeder Frau gibt es nur eine einzige große Liebe.«
Die junge Frau fragt interessiert: »Und wer war deine große Liebe, Tante Resi?«
Mit verklärtem Blick entgegnet die Tante: »Matrosen, mein Kind, Matrosen!«

Das Ehepaar Krause steht im Kunstmuseum vor einem berühmten Gemälde. Das Bild zeigt eine Dame, die leblos und langgestreckt auf einem Diwan liegt.
Da sagt Herr Krause nachdenklich: »Woran die Dame wohl gestorben ist?«
Seine Frau entgegnet: »Da unten steht es doch: Nach einem Stich von Albrecht Dürer.«

Herr Friedrich reist wieder einmal allein in die Berge zum Skifahren. Zum Abschied küsst ihn seine Frau und fragt: »Liebling, soll ich dir die Post wie immer ins Krankenhaus nachschicken?«

Klaus hat wieder einmal lange gefeiert und kommt erst gegen Morgen heim. Als er durch die Haustür tritt, steht seine Schwiegermutter vor ihm und hat mit dem Besen in der Hand auf ihn gewartet.
»Ja, Schwiegermama«, ruft Klaus, »Du wirst doch jetzt nicht noch arbeiten. Oder bist du gerade gelandet?«

Das Ehepaar Heinrich geht ins Reisebüro, um eine Kreuzfahrt in die Südsee zu buchen. Während der Beratung notiert der Reisekaufmann folgende Sonderwünsche der Eheleute: »Getrennte Betten, getrennte Kabinen und wenn möglich getrennte Schiffe.«

Uschi fragt ihren Mann Rainer: »Meinst du nicht, dass mich die Gurkenmaske um Jahre verjüngt hat?«
»Ja schon, Liebling!«, erwidert Rainer. »Ich verstehe nur nicht, wieso du sie wieder abgenommen hast.«

Ein frisch vermähltes Paar geht in den Flitterwochen am Strand spazieren. Da fragt sie ihren Mann: »Schatz, was würdest du tun, wenn ich beim Schwimmen im Meer ertrinken würde?«
Der Gatte legt den Arm um seine Frau und antwortet: »Oh, mein Liebling, ich würde natürlich Hilfe holen. Und wenn ich zwei Stunden laufen müsste.«

Ein junger Mann spricht mit seinem Onkel: »Weißt du, Onkel, jetzt habe ich schon dreimal eine Braut mit nach Hause gebracht und jedes Mal hat meine Mutter sie wieder fortgejagt. Was soll ich denn nur tun?«

Der Onkel rät ihm: »Dann nimm doch eine, die so ist wie deine Mutter.«
»Ach, Onkel, das habe ich doch auch schon gemacht«, klagt der junge Mann. »Die hat dann mein Vater fortgejagt.«

Die kleine Irmi steht kurz vor dem Schlafengehen mit klatschnassen Haaren vor dem Aquarium. Da fragt der Vater: »Kind, ist es denn wirklich nötig, dass du jedem Fisch einzeln einen Gute-Nacht-Kuss gibst?«

Ein Ehepaar streitet sich. Irgendwann gehen dem Mann die Argumente aus und er stürmt aus der Wohnung. An der Tür dreht er sich noch einmal kurz um und knurrt: »Aber das weiß ich genau, wenn ich noch einmal auf die Welt komme, werde ich ein Affe!«
Seine Frau ruft ihm nach: »Man wird aber nicht zweimal das Gleiche!«

Das Ehepaar Rösler macht einen Stadtbummel. Plötzlich zupft der Mann seine Frau heftig am Ärmel und flüstert: »Regina, schnell, mach ein glückliches Gesicht, da drüben steht meine Ex-Frau!«

Tante Gertrud war zu Besuch bei Familie Putz. Als sie sich verabschiedet, fragt sie den kleinen Franz: »Begleitest du mich noch bis zum Bus, mein Junge?«
»Das geht leider nicht«, entgegnet Franz. »Sobald du weg bist, schneidet Mama die Torte an.«

Freunde, Feinde, Nachbarn und Kollegen

Herr Fisch und sein neuer Nachbar Herr Schneider treffen sich am Gartenzaun. Herr Fisch fragt seinen Gegenüber: »Was machen Sie eigentlich beruflich?«
Herr Schneider antwortet: »Ich bin Schuster.«
Der Nachbar schüttet sich aus vor Lachen und meint: »Nein, das ist ja zu komisch, Sie heißen Schneider und sind Schuster!«
Herr Schneider zuckt mit den Achseln und meint: »Ach, wissen Sie, im Grunde ist das genauso wie bei Ihnen. Sie heißen ja auch Fisch und sind ein Rindvieh.«

Zwei alte Freunde treffen sich zufällig wieder. Einer hat im Laufe der Jahre kräftig an Umfang zugenommen.
Der Dicke klopft seinem alten Kameraden auf die Schulter und tönt: »Na, du bist ja nur Haut und Knochen. Da könnte man meinen, die Hungersnot sei ausgebrochen.«
Der Freund erwidert: »Und wenn man dich so sieht, könnte man meinen, dass du daran schuld bist!«

Zwei Ehepaare treffen sich nach den Ferien.
»Was habt ihr denn im Urlaub gemacht?«, fragt Anna ihre Freundin.
»Ach, nichts Besonderes«, antwortet Gabi. »Wir waren wieder mal auf Balkonien.«
»Balkonien? Kenne ich nicht!«, meint Anna.
Gabis Ehemann erklärt bereitwillig: »Das ist eine Diktatur in Zentraleuropa.«

Ein junger Student liegt krank im Bett. Julia will ihn besuchen und klingelt an seiner Tür. Eine ältere Frau öffnet und erklärt ihr: »Der Junge hat die Grippe. Wie nett, dass sie ihn besuchen kommen, Fräulein … – wie ist ihr Name?«
»Ich bin Julia, seine Schwester«, erklärt das Mädchen patzig.
»Schön Sie kennen zu lernen«, entgegnet die Dame gelassen. »Ich bin übrigens seine Mutter!«

Ein Angestellter geht zu seinem Vorgesetzten. »Chef«, sagt er, »mein Gehalt steht in keinem Verhältnis zu dem, was ich leiste.«
»Ich weiß«, seufzt der Vorgesetzte, »aber wir können Sie ja nicht verhungern lassen!«

Zwei alte Freundinnen treffen sich nach 15 Jahren zufällig beim Einkaufen wieder.
»Martina, bist du es wirklich?«, fragt Gabi. »Du bist ja gehörig älter geworden! Ich hätte dich beinahe nicht wieder erkannt!«
Martina mustert ihre ehemalige Freundin pikiert und meint: »Ja, ich habe dich auch nur an deinem Kleid erkannt!«

Ein Angestellter kommt am Morgen ins Büro gehetzt. »Bitte entschuldigen Sie, dass ich zu spät komme, Chef!«, schnauft er. »Aber meine Frau hat mir heute Nacht einen Sohn geschenkt.«
»So, so«, erwidert der Chef. »Sie hätte Ihnen besser einen Wecker schenken sollen.«

Zwei Ehemänner unterhalten sich. Klaus fragt seinen Freund Peter: »Wer hat denn eigentlich bei euch daheim die Hosen an?«
»Ach, wir haben das aufgeteilt«, erklärt Peter. »Meine Frau kommandiert die Kinder rum, den Hund und mich.«
»Ja, und du?«, will Klaus wissen.
»Ich habe die Blumen übernommen«, meint Peter.

Paulchen begleitet seine Mutter zum Bäcker. Unterwegs treffen sie ihre Nachbarin. Diese schimpft sogleich los: »Wie gut dass ich Sie treffe. Ihr Paulchen hat mich gestern »blöde Ziege« genannt.«
Die Mutter schaut ihren Sohn tadelnd an und mahnt: »Paulchen, wie oft habe ich dir schon gesagt, du sollst die Leute nicht nach ihrem Äußeren beurteilen!«

Frau Kunz trifft ihre Nachbarin und fragt: »Na, hat Ihnen das Christkind auch was Schönes zu Weihnachten gebracht?«
Die Nachbarin entgegnet: »Danke, ich bin zufrieden. Mein Bekannter hat mir ein Buch zurückgebracht, das ich ihm vor zwei Jahren geliehen hatte und ich habe endlich meine Brille wieder gefunden. Außerdem ist meine Tante krank und kommt mich deshalb nicht besuchen.«

Roland trifft beim Einkaufen seinen Freund Holger, der gerade aus dem Urlaub zurückgekehrt ist. »Na?«, fragt er ihn, »Wie war denn Eure Reise?«

»Ach, hör mir bloß auf!«, entgegnet der Freund. »Meine Frau wurde zur Schönheitskönigin gewählt. Da kannst du dir ja vorstellen, was das für ein Kaff war!«

Michael trifft seinen Freund Jochen. Der erzählt ihm freudig: »Meiner Frau wurde letzte Woche die Kreditkarte gestohlen.«
»Ja, und da freust du dich?«, fragt Michael irritiert.
»Aber ja, der Dieb gibt wesentlich weniger Geld aus, als meine Frau!«, meint Jochen zufrieden.

Herr Meyer ist vor zwei Wochen in eine neue Abteilung versetzt worden.
Er sitzt im Büro, trinkt Kaffee, liest die Zeitung, baut einen Turm aus Stiften und Büroklammern, dann telefoniert er mit seiner Frau.
Seine Kollegen nicken sich anerkennend zu und einer meint: »Der hat sich aber schnell eingearbeitet.«

Zwei Freunde unterhalten sich. Der Felix erklärt dem Hans: »Weißt du, wenn ich Durst habe, trinke ich ein Bier. Wenn ich lustig bin, trinke ich Sekt. Und wenn's mir schlecht geht, trinke ich einen Schnaps.«
Da fragt der Freund: »Und wann trinkst du Wasser?«
»Ha«, entfährt es dem Felix. »So schlecht ging es mir Gott sei Dank noch nie!«

Paul fragt seinen Freund, was er später einmal werden will.
Der antwortet: »Ich werde Bootsmann.«
Da entgegnet Paul: »Das ist aber ein ganz schön harter Job!«

»Ach nein, gar nicht!«, meint der Freund. »Ich will ja auf einem Schoner arbeiten.«

Manfred sitzt betrübt in der Kneipe und hat ein Glas vor sich stehen. Ein Freund kommt herein, setzt sich neben ihn und trinkt ohne zu fragen sein Glas aus. Manfred blickt den Freund erbost an und knurrt: »Was ist heute bloß für ein Tag! Das soll ein Mensch noch aushalten: Zuerst bin ich bei der Arbeit gekündigt worden. Auf dem Heimweg hatte ich einen Unfall mit Totalschaden. Meine Frau hat die Scheidung eingereicht. Meine Tochter ist schwanger und weiß nicht von wem. Als ob das alles noch nicht genug wäre, kommst du jetzt daher und trinkst einfach mein Gift aus.«

Frau Schmidt erzählt stolz ihrer Nachbarin: »Mein Sohn will mal Arzt werden. Die Illustrierten für's Wartezimmer hat er schon!«

Als der Angestellte am Morgen ins Büro kommt, ruft ihm sein Chef freundlich entgegen: »Herzlichen Glückwunsch! Ich habe gehört, Sie haben gestern einen Erben bekommen!«
»Vielen Dank!« erwidert der Angestellte. »Aber bei meinem Gehalt bekommt man keine Erben, nur Kinder.«

Bei einem Vorstellungsgespräch fragt der Personalchef den Bewerber: »Sind Sie verheiratet, Herr Krause?«
Der Bewerber antwortet: »Das zwar nicht, aber ich führe trotzdem alle Befehle umgehend aus!«

Frau Römer klingelt aufgeregt an der Wohnungstür Ihrer Nachbarn. Als geöffnet wird, berichtet sie entrüstet: »Ihre Katze hat heute Morgen unseren Wellensittich gefressen!«
»Gut dass Sie es sagen.« erwidert der Nachbar. »Dann bekommt sie heute nichts mehr!«

Zwei Freundinnen unterhalten sich. Moni erzählt: »Hast du schon gehört, der Obsthändler von nebenan ist wegen Betrugs angezeigt worden.«
»Ach,« meint Anna, »wieso denn das?«
»Er hat Stachelbeeren rasiert und als Weintrauben verkauft.«

Kurioses aus dem Alltag

Ein Patient ist beim Arzt. Der Doktor stellt ihm ein Rezept aus, hält dann aber inne und sagt: »Nein, ich muss mich wirklich bemühen, leserlicher zu schreiben. Das kann ja kein Mensch entziffern. Ich schreibe Ihnen noch mal ein neues Rezept.«
»Ach, das ist wirklich nicht nötig, Herr Doktor«, beruhigt ihn der Patient. »Mit dem Rezept, das Sie mir im letzten Jahr gegeben haben, bin ich ein Jahr lang umsonst Straßenbahn gefahren, kostenlos in jedes Museum gekommen und jetzt kriege ich auch noch eine Rente drauf!«

Ein Urlauber bittet an der Rezeption eines Hotels um ein Zimmer.

»Möchten Sie eines mit Bad oder mit Dusche?«, fragt die Empfangsdame.
Der Urlauber ist knapp bei Kasse und erkundigt sich: »Was genau ist denn der Unterschied?«
Die Dame antwortet pikiert: »Na, unter der Dusche müssen Sie stehen!«

Bauer Huber erklärt seinem Urlaubsgast: »Bei uns wird man morgens vom Hahn geweckt.«
»Ach, wie schön«, meint der Gast, »dann stellen Sie meinen bitte auf halb zehn.«

Ein Kunde kommt in die Apotheke. »Sind sie der Chef?«, fragt er den Apotheker.
»Ja, das bin ich«, antwortet dieser.
»Wie lange schon?«, fragt der Kunde misstrauisch.
»Seit über dreißig Jahren.«
»Wo haben sie studiert?«, erkundigt sich der Mann mit ernster Miene.
»In Berlin.«
»Und wie haben Sie beim Examen abgeschnitten?«, will der Kunde weiter wissen.
»Mit Auszeichnung«, antwortet der Apotheker geduldig.
»Gut«, meint der Mann beruhigt. »Dann geben Sie mir bitte eine kleine Packung Heftpflaster.«

Ein Wanderer kommt in eine einsame Pension und fragt die Wirtin: »Haben Sie ein Zimmer frei?«
»Ja, entweder für 15 oder für 20 Euro pro Nacht«, ist die Antwort.

»Schön, und was genau ist der Unterschied?«, erkundigt sich der Wanderer.
Die Wirtin erklärt: »In dem für 20 Euro sind Mausefallen drin.«

»Herr Ober, mein Kaffee ist kalt«, beschwert sich ein Gast im Café.
»Das tut mir sehr leid«, entgegnet der Kellner. »Aber dann muss ich leider nachkassieren. Eiskaffee kostet nämlich 2 Euro mehr.«

Auf dem Heimweg vom Wirtshaus trifft Karl den Pfarrer.
»Ach, Herr Pfarrer«, ruft er »wie gut, dass ich Sie treffe, ich wollte Sie schon lange etwas fragen. Sagen Sie, wovon kommt denn eigentlich Rheumatismus?«
»Wahrscheinlich kommt die Krankheit vom übermäßigen Fressen und Saufen«, belehrt ihn der Pfarrer streng. »Wie lange hast du den Rheumatismus denn schon, Karl?«
Karl schüttelt den Kopf »Nein, ich bin kerngesund, Herr Pfarrer. Aber ich habe in der Zeitung gelesen, der Papst soll Rheumatismus haben.«

Ein Klempner erklärt seiner Kundin: »Ich komme, um Ihre Dusche zu reparieren.«
»Aber unsere Dusche ist gar nicht kaputt«, entgegnet die Frau.
»Und warum haben Sie mich dann rufen lassen, Frau Schulze?«, fragt der Klempner ärgerlich.
»Ich habe Sie nicht rufen lassen«, erwidert die Kundin. »Und ich bin auch nicht Frau Schulze, sondern Frau

Schneider. Die Familie Schulze ist vor einem Jahr ausgezogen.«
Der Handwerker schüttelt den Kopf: »Unglaublich! Erst bestellen die Leute dringend einen Klempner und dann ziehen sie um.«

An einem frostigen Wintertag sitzt ein Angler mit dicken Backen am See. Ein Spaziergänger kommt vorbei und fragt ihn, ob er Zahnschmerzen habe.
»Nein, danke der Nachfrage«, nuschelt der Angler und zuckt mit den Achseln. »Irgendwo muss ich die Würmer ja auftauen.«

Ein Mann im See brüllt aus Leibeskräften: »Hilfe, Hilfe, ich kann nicht schwimmen!«
Ein Polizist kommt vorbei und ruft ihm zu: »Ich kann auch nicht schwimmen, aber mache ich deshalb solchen Lärm?«

Seit einer halben Stunde verfolgt der Polizist einen Dieb. Endlich ist der Dieb erschöpft und lässt sich auf eine Parkbank sinken. Der Polizist setzt sich schnaufend zu ihm.
Nach einer Weile schaut der Dieb zu seinem Verfolger hinüber und meint: »Na, packen wir es wieder?«

Ein Staubsaugervertreter kommt zu einem einsamen Bauernhof. Er schüttet einen großen Sack Schmutz auf den Boden und sagt zur Bäuerin: »Ich werde jedes Staubkorn persönlich aufessen, das dieser Staubsauger hier nicht wegputzt.«
»Na dann, Mahlzeit!«, meint die Frau. »Wir haben hier nämlich keinen Strom.«

Ein Landwirt will eine Versicherung abschließen und erkundigt sich beim Agenten: »Also, wenn mein Hof morgen abbrennt, bekomme ich eine Million?«
»Ganz genau«, antwortet der Agent. »Vorausgesetzt, Sie zünden den Hof nicht selber an.«
Der Bauer schüttelt den Kopf: »Ich hab mir doch gleich gedacht, dass irgendein Haken dabei ist.«

Der Ober nimmt im Restaurant die Bestellung eines Gastes auf. Der Herr wünscht: »Ich hätte gern ein 290 Gramm schweres Steak aus der fünften Rippe des Tieres, genau 7 Minuten gebraten und die Fettränder bitte auf einen halben Zentimeter entfernt.«
Der Ober entgegnet freundlich: »Sehr gerne, der Herr. Welche Blutgruppe soll das Rind denn haben?«

Ein Mann geht zur Polizei und klagt: »Herr Wachtmeister, man hat mir mein Fahrrad gestohlen.«
Der Polizist erkundigt sich: »War es noch in Ordnung?«
»Na ja«, antwortet der Mann, »es erfüllte seinen Zweck.«
»War eine Klingel dran?«, will der Wachtmeister wissen.
»Nein, das nicht«, stammelt der Mann.
Der Polizist mustert ihn streng: »Wie stand es um Licht und Handbremse?«
»Auch nicht«, gibt der Mann zu.
»Mein Lieber, da haben Sie sich aber was geleistet!«, tadelt der Beamte. »Das macht 40 Euro Strafe.«

Eine wohl beleibte Frau steht vor ihrem Spiegel und fragt: »Spieglein, Spieglein an der Wand, wer ist die Schönste im ganzen Land?«
Der Spiegel antwortet: »Geh mal zur Seite, ich sehe ja gar nichts!«

In einem Zoo ist der Gorilla gestorben. Deshalb wird ein Student eingestellt, der in ein Gorillakostüm schlüpfen und das Tier ersetzen soll. Der junge Mann tut sein Bestes, er brüllt und schwingt sich von Ast zu Ast, damit die Besucher nicht merken, dass der echte Gorilla verstorben ist.
Eines Tages jedoch nimmt der Student zu viel Schwung beim Klettern und landet im Löwenkäfig. Er schreit panisch »Hilfe, Hilfe!«, bis einer der Löwen flüstert: »Halt die Klappe, sonst sind wir hier alle unsere Stellen los!«

Ein Reisender möchte ein Zimmer in einem Hotel buchen, doch der Portier erklärt ihm, dass alle Zimmer belegt seien. Da fragt ihn der Gast: »Angenommen, jetzt käme der Bundespräsident. Hätten Sie für Ihn ein Zimmer frei?«
»Aber natürlich! Jederzeit!«, antwortet der Portier.
»Gut«, meint der Gast. »Dann geben Sie mir bitte sein Zimmer, der Präsident kommt heute nicht.«

Ein Gast fragt im Café: »Herr Ober, ist das eigentlich Kaffee oder Tee, was Sie mir serviert haben?«
Der Ober fragt: »Wonach schmeckt es denn, mein Herr?«
»Nach Spülwasser«, antwortet der Gast.
»Ach«, meint der Ober. »Dann ist es Kakao.«

Eine Frau geht zum Markt, um Hühner zu kaufen. An einem Geflügelstand sieht sie 6 Hühner in der Auslage und bittet die Verkäuferin: »Bitte suchen Sie mir die 3 ältesten und magersten Tiere aus.« Die Verkäuferin lächelt zufrieden und legt die unappetitlichsten Hühner zur Seite.
»Soll ich Sie ihnen zusammen in eine Tüte packen?«, fragt die Marktfrau.
»Nein, danke«, antwortet die Kundin. »Ich nehme die anderen drei.«

Johann ist ein leidenschaftlicher Hobbygärtner und verbringt viel Zeit in seinem Schrebergarten. Eines Tages kommt ihn der Pfarrer dort besuchen und staunt: »Ach, was für eine Pracht! Da habt ihr beide, der liebe Gott und du, ja wirklich einen Bilderbuchgarten geschaffen!«
»Na ja, ich will mich ja nicht beschweren«, erwidert Johann vorsichtig. »Aber Sie glauben nicht, wie der Garten ausgeschaut hat, als der liebe Gott sich noch allein darum gekümmert hat.«

Bei einer Verkehrskontrolle wird Manfred aufgefordert, seinen Führerschein vorzuweisen. Ungehalten knurrt er den Polizisten an: »Was habt Ihr bloß für eine Lotterwirtschaft auf dem Revier. Meinen Führerschein habe ich doch letzte Woche schon Ihrem Kollegen gegeben. Aber ich sag es Euch, wenn Ihr den verschusselt habt …!«

Zwei Polizisten finden eine Leiche vor einem Gymnasium. Natürlich müssen sie ein Protokoll schreiben. Dabei fragt ein Kollege den anderen: »Wie schreibt man eigentlich

Gymnasium?« Der zweite Polizist hebt die Schultern und meint: »Keine Ahnung. Komm, wir schleppen die Leiche vor die Post!«

Herr Rudolf erwacht nach einer Operation aus der Narkose und freut sich: »Gott sei Dank, dass alles glatt gelaufen ist!« Sein Bettnachbar warnt ihn: »Freuen Sie sich mal nicht zu früh. Bei mir hatte der Chirurg eine Pinzette im Bauch vergessen und ich musste noch mal operiert werden.«
In diesem Moment kommt eine Krankenschwester ins Zimmer und fragt: »Hat irgendjemand die Brille vom Herrn Doktor gesehen?«

Ein Gast sitzt im Restaurant und beschwert sich beim Keller: »Ich habe jetzt schon fünf Mal mein Schnitzel bestellt und es ist immer noch nicht da.«
Der Kellner antwortet: »Tut mir leid, mein Herr, Massenbestellungen brauchen immer etwas länger!«

Es ist Weihnachten und die Christmette ist auch in diesem Jahr wieder so gut besucht, dass einige Gemeindemitglieder sogar stehen müssen. Doch der Pfarrer ahnt schon, dass er die meisten seiner Schäfchen erst zur nächsten Christmette wieder sehen wird. Denn das restliche Jahr hindurch sind die Gottesdienste nur spärlich besucht. Deshalb verabschiedet der Pfarrer die Kirchgänger mit den Worten: »Ich wünsche Ihnen allen ein gesegnetes Weihnachtsfest! Und denen, die sich erst in einem Jahr wieder einfinden, wünsche ich auch ein frohes neues Jahr, gesegnete Ostern, schöne Pfingsten und einen erholsamen Sommerurlaub!«

Frau Messerschmidt hat einen neuen Entsafter gekauft. Mit Hilfe der Bedienungsanleitung versucht sie, das Gerät zusammenzubauen. Sie dreht die Teile nach links und rechts, steckt, zieht und schraubt, aber es gelingt ihr einfach nicht, den Entsafter in Gang zu setzen. Nach über einer Stunde gibt Frau Messerschmidt verärgert auf. Sie lässt alles auf dem Küchentisch liegen, zieht sich einen Mantel an und geht zum Einkaufen.
Als sie wieder nach Hause kommt, steht ihre Haushälterin Gertrud in der Küche und presst gerade frischen Orangensaft. Der neue Entsafter funktioniert perfekt.
»Gertrud, wie haben sie es denn nur geschafft, dieses Gerät zusammenzubauen?«, fragt Frau Messerschmidt verblüfft.
Die Haushälterin entgegnet: »Ach wissen Sie, gnädige Frau, wenn man nicht lesen kann, muss man eben seinen Verstand benutzen.«

Ein norddeutscher Tourist verbringt seinen Sommerurlaub in Tirol. Leider lässt das Wetter sehr zu wünschen übrig. Nach einigen Tagen fragt der Urlauber den Pensionswirt: »Regnet es bei Ihnen eigentlich immer?«
»Nein«, antwortet der Tiroler. »Im Winter schneit es.«

Frau Seifert ist wegen Schlafstörungen in ärztlicher Behandlung. Doktor Weiß fragt die Patientin: »Haben Sie meinen Rat befolgt und langsamer gezählt?«
Frau Seifert antwortet: »Ja, Herr Doktor, ich habe jeden Abend langsam bis 70.000 gezählt.«
»Ah ja«, meint der Arzt. »Und dann sind sie eingeschlafen?«

»Nein, eigentlich nicht«, entgegnet die Patientin. »Danach war es Zeit zum Aufstehen.«

Die Polizei macht eine Verkehrszählung. Das tausendste Auto wird zur Seite gewunken.
Ein Polizist gratuliert dem Fahrer: »Sie sind heute wirklich ein Glückspilz! Weil sie bei der Zählung der tausendste Verkehrsteilnehmer sind, gewinnen sie 1.000 Euro!«
Der Mann freut sich mächtig und nimmt seinen Gewinn dankbar entgegen.
Anschließend fragt der Polizist den Autofahrer, wofür er denn das Geld verwenden werde.
Der Glückspilz antwortet: »Auf jeden Fall mach ich jetzt erst mal den Führerschein!«

Bei Veronika ist heute Frühjahrsputz. Dabei holt sie auch ihr Fahrrad aus dem Keller, um es für die warme Jahreszeit zu rüsten. Nach einer Weile schüttelt sie verzagt den Kopf und meint: »Mit einer Unterhose konnte man früher das ganze Fahrrad putzen. Heute reicht sie gerade noch für die Klingel.«

Zwei frisch gebackene Väter treffen sich im Krankenhaus. Sie stehen im Gang vor dem Neugeborenenzimmer und betrachten durch das Fenster die Babys. Da sagt der eine Vater: »Finden Sie nicht auch, dass mein Sohn sehr viel Ähnlichkeit mit mir hat?«
»Schon«, entgegnet der Herr neben ihm. »Aber es gibt wirklich Schlimmeres. Hauptsache, der Junge ist gesund!«

Eine junge Frau geht zum Arzt. »Herr Doktor«, klagt sie, »ich habe so arg Liebeskummer. Haben Sie vielleicht ein Mittel, das dagegen hilft?«
Der Arzt erwidert mitfühlend: »Warten Sie, ich gebe Ihnen ein Abführmittel.«
»Und hilft das auch ganz sicher gegen Liebeskummer?«, fragt die Patientin.
»Das glaube ich nicht«, meint der Arzt, »aber es lenkt wenigstens ab.«

Der Angeklagte spricht vor der Gerichtsverhandlung mit seinem Rechtsanwalt. Er beschwört ihn: »Wenn ich mit einem halben Jahr Gefängnis davonkomme, gebe ich Ihnen 10.000 Euro.«
Nach dem Prozess meint der Anwalt: »Puh, mein Lieber, das war ein hartes Stück Arbeit! Die wollten Sie doch glatt freisprechen.«

Klaus fragt im Urlaub auf Mauritius einen Jungen am Strand: »Gibt es hier Haie?«
»Nein, nein«, meint der Junge etwas zögernd. Klaus geht trotzdem eine Runde schwimmen.
Später fragt er den Jungen noch einmal, ob er wirklich sicher sei, dass es hier keine Haie gebe.
Da erklärt der Bursche: »Nein, die haben Angst vor den Krokodilen, die hier in Massen rumschwimmen.«

Ein Herr geht zum Friseur. Nachdem er sich gesetzt hat, legt sich ein dicker Rottweiler dicht neben den Stuhl und lässt den Kunden nicht aus den Augen. Als der Friseur den ängstlichen Blick des Herrn sieht, erklärt er beruhigend: »Keine Sorge, der Hund tut Ihnen nichts. Er legt sich nur immer so nah an den Stuhl, weil manchmal ein Ohr für ihn abfällt.«

Barbara schreibt einen schmachtenden Liebesbrief an Jochen: »Mein lieber Schatz, ich liebe dich von ganzem Herzen. Aber solltest du meine Liebe nicht erwidern, so gib diesen Brief bitte an Gerhard oder Thomas weiter.«

Ein Sänger kommt zum Konzert auf die Bühne. Im Publikum steht aber nur eine einzige Frau.
Geistesgegenwärtig erklärt er: »Meine Liebe, heute singe ich nur für Sie!«
Daraufhin schaut die Frau auf ihre Uhr und meint: »Na gut, aber machen Sie schnell, ich muss hier noch sauber machen!«

In der Sprechstunde rät der Arzt einem älteren Herrn, das Rauchen aufzugeben, ebenso Alkohol, üppiges Essen und den Umgang mit Frauen.
Der Patient fragt: »Und Sie sind wirklich sicher, dass ich auf diese Weise 100 Jahre lebe?«
»Das kann ich keineswegs garantieren«, erwidert der Arzt. »Aber es wird Ihnen mit Sicherheit so vorkommen!«

Nach der letzten Bundestagswahl erzählt eine ältere Dame ihrer Nachbarin: »Ach, heute war mal ein richtig schöner Tag! Am Morgen hat mich die CDU mit einem großen Auto zum Wählen abgeholt. Von der SPD habe ich ein

Gläschen Sekt bekommen und von der FPD eine Rose. Nur von den Grünen gab es nichts – aber das habe ich denen angekreuzt!«

Hans ruft stocksauer beim Wetteramt an und schimpft: »Ich wollte Ihnen nur sagen, dass die Feuerwehr gerade Ihren leichten Nieselregen aus meinem Keller pumpt!«

Es ist winterlich kalt und schneit, als eine Schnecke den Stamm eines Apfelbaums entlang klettert. Da fliegt ein Spatz vorbei und fragt: »Was willst du denn auf dem Baum?«
»Ich will einen Apfel essen«, antwortet die Schnecke.
»Wir haben doch Winter!«, lacht der Spatz. »Da gibt es keine Äpfel.«
»Aber bis ich oben bin, ist Sommer«, entgegnet die Schnecke unbeirrt.

Ein Nerz steht vor der Himmeltür. Petrus öffnet ihm und meint: »Komm nur rein, du armer Kerl. Und weil man dir zu Lebzeiten immer an den Pelz wollte, hast du einen Wunsch frei.«
Nach kurzem Überlegen antwortet der Nerz: »Dann hätte ich gerne einen Pullover aus der Haut fetter, reicher Weiber!«

Anton hat einen Termin bei Gericht. Der Richter fragt ihn: »Sie geben also zu, dass Sie der Vater des kleinen Markus sind.«
»Ja, selbstverständlich!«, antwortet Anton.

»Gut!«, meint der Richter. »Dann müssen wir jetzt nur noch das Finanzielle regeln.«
»Aber, ich bitte Sie«, winkt Anton großzügig ab. »Ich will dafür doch nichts haben!«

Roland geht zur Beichte in die Kirche. Dort gesteht er: »Ich habe drei Säcke Weizen gestohlen.« Dann verbessert er sich: »Na, eigentlich sind es fünf.«
»Ja, wie viele denn nun?«, fragt der Pfarrer. »Drei oder fünf?«
Darauf antwortet Roland: »Also, drei habe ich schon und zwei hole ich noch.«

Frau Rosenbaum ist beim Arzt. Er rät ihr: »Wenn Sie Schmerzen in der linken Seite haben, müssen Sie kalte Umschläge machen.«
Frau Rosenbaum schaut ihn verwundert an: »Aber, Herr Doktor, beim letzten Mal haben Sie gesagt, ich solle mich vor allem Kalten hüten.«
»Ach, neulich, neulich…«, entgegnet der Arzt. »Liebe Frau Rosenbaum, die Wissenschaft macht rasante Fortschritte!«

Ein Maler hat bei Familie Rainer das Wohnzimmer frisch gestrichen. Als er seine Leiter durch den Flur zur Tür trägt, stößt er dabei eine sündhaft teure Vase um.
Die Hausfrau schlägt die Hände über dem Kopf zusammen und kreischt: »Oh nein, die gute Vase! Die stammt aus dem 15. Jahrhundert!«
Der Maler atmet erleichtert auf: »Gott sei Dank! Ich dachte schon, sie wäre neu!«

Robert stürmt kurz vor Ladenschluss in ein Blumengeschäft und sagt: »Ich hätte gerne 40 langstielige rote Rosen!«
Die Verkäuferin schaut ihn mitfühlend an und entgegnet: »Ach, du dickes Ei, was haben Sie denn ausgefressen?«

Ein älterer Herr ist beim Arzt. Nachdem er ihn gründlich untersucht hat, meint der Doktor: »Ihr Herz ist leider nicht mehr so ganz gesund.«
»Naja«, meint der Patient. »Ich hoffe nur, es hält noch, so lange ich lebe.«

Klaus-Dieter bekommt die Formular-Vordrucke für die Einkommenssteuererklärung zugesandt. Er schickt den ganzen Stapel Papier wieder zurück und heftet eine Notiz daran, auf der steht: »Sehr geehrte Damen und Herren, anbei erhalten Sie Ihre Unterlagen zurück. Ich habe nicht die Absicht, einem Verein beizutreten, der dermaßen komplizierte Aufnahmebedingungen hat.«

Ein Gast beschwert sich im Restaurant: »Herr Ober, das was sie mir gebracht haben, soll Schaumwein sein? Der schäumt ja nicht mal!«
»Aber, Mein Herr«, beruhigt ihn der Kellner. »Haben Sie vielleicht schon mal eine Ochsenschwanzsuppe gesehen, die gewedelt hat?«

Fräulein Kleist ist wegen Rückenschmerzen beim Orthopäden. Der Arzt untersucht sie und meint dann: »Jetzt machen wir noch eine Röntgenaufnahme von Ihnen!

»Oh fein!« haucht die Patientin. »Wenn sie hübsch wird, hätte ich gerne drei Abzüge davon!«

Rainer besucht das Naturkundemuseum. Dort fragt er einen der Angestellten: »Können Sie mir sagen, wie alt dieses Pferdeskelett ist?«
»Aber natürlich!«, antwortet der Mitarbeiter. »Es ist genau 20 Millionen und 13 Jahre alt.«
Rainer nickt anerkennend und meint: »Das ist ja beeindruckend! Woher wissen Sie das so präzise?«
Der Angestellte erklärt: »Wissen Sie, ich habe vor 13 Jahren hier angefangen, und da war das Skelett genau 20 Millionen Jahre alt.«

Die internationale Temperaturskala

Plus 40 °C: An der Elfenbeinküste spricht man von normalen Sommertemperaturen. In Grönland kennt man 40 °C nur aus der Sauna. Die Deutschen halten sich, wenn irgendwie möglich, im Keller auf.

Plus 35 °C: 70% der deutschen Bevölkerung befinden sich im Freibad. Die restlichen 30% liegen mit Kreislaufschwäche im Bett.

Plus 30 °C: In Grönland können sich manche ältere Bewohner erinnern, solche Temperaturen einmal in ihren Flitterwochen auf Hawaii erlebt zu haben. In Deutschland spalten sich die Geister: ein Teil der Bevölkerung ruft

»Endlich Sommer!« Andere leiden und fahren im Urlaub nach Skandinavien.

Plus 25 °C: An der Elfenbeinküste greift man schon nach einer wärmeren Jacke. In Deutschland spricht man bei dieser Temperatur allgemein von »angenehm«.

Plus 20 °C: Die Grönländer meinen, im Sommer 1978 habe es an der Südküste an einem Tag mal 20 °C gehabt, sind sich aber nicht sicher. An der Elfenbeinküste beklagt man die winterlichen Temperaturen.

Plus 15 °C: Für die Deutschen ist ideales Wanderwetter. Als wirkliche Naturfreunde gelten aber nur diejenigen, die sich auch von strömendem Regen nicht abschrecken lassen. An der Elfenbeinküste verbindet man solche Temperaturen mit dem kalten Europa.

Plus 10 °C: In Grönland spricht man von Hochsommer; endlich kommen für wenige Tage Sommerröcke und Badehosen zum Einsatz. Die Deutschen drehen die Heizung auf und klagen: »Es ist nicht Fisch und nicht Fleisch; zum Skifahren zu warm und zum Baden gehen zu kalt.«

Plus 5 °C: An der Elfenbeinküste sind derart frostige Temperaturen kaum vorstellbar. In Deutschland ist wahrscheinlich gerade Frühling oder Herbst. Und je nachdem, welchem Menschenschlag man angehört, ist man entweder froh, dass der Winter vorbei ist oder freut sich auf den nächsten.

0 °C: Der Grönländer freut sich über die milden Temperaturen, während man in Deutschland Winterstiefel, Daunenmäntel und Handschuhe anzieht. Wer sich auf Schnee freut, holt Ski und Schlitten vom Dachboden.

Minus 5 °C: Viele Deutsche planen nun ihren Karibikurlaub, während sie mürrisch das Eis vom Auto kratzen. Die Katze will mit ins Bett.

Minus 10 °C: Der Hund will mit ins Bett. Angoraunterwäsche ist der Verkaufsrenner.

Minus 15 °C: Es ist zu kalt zum Schneien, aber auch zum Ski- und Schlittschuhfahren. Die heiße Badewanne ist nun Lieblingsort der Deutschen. Die Grönländer schließen den obersten Hemdknopf.

Minus 20 °C: Die Katze will mit unter den Schlafanzug. Es ist zu kalt zum Küssen. Die Lippen frieren aneinander fest.

Minus 25 °C: Heizungen fallen aus, Wasserrohre platzen. Auf deutschen Betten werden extra Decken aufgetürmt. Der Grönländer findet es etwas kühl.

Wochenverse

1. Januar – 7. Januar

Gegrüßet seiest du, neues Jahr,
wenn wir auch noch ein wenig scheu.
Vertrauen wollen wir deinem Plan,
sei er auch unbekannt und neu.
Wir blicken auf das Kommende,
mit Freuden und mit Bangen.
Möge Zuversicht uns helfen,
erfüllt zur nächsten Weihnacht zu gelangen.

8. Januar – 14. Januar

Weiße Flocken schweben sanft herab,
wie ein Hauch aus edelstem Kristall.
Lautlos setzen sie sich nieder,
bedecken Wälder, Berg und Tal.
So hüllen sie ein geschwind,
alle Dinge, die da sind.
Solange, bis der Frost vorüber
und das Leben regt sich wieder.

15. Januar – 21. Januar

Wenn der Winter uns ein grimmger Wirt,
der uns Nase und Ohren gefriert.
Wenn unsre Glieder steif von der eisigen Luft,
versöhnt uns eine wollene Decke und Kaffeeduft.
Wie teuer ist uns da das warme Heim,
nirgends möcht man lieber sein.

22. Januar – 28. Januar

Wo sind all die heitren Farben,
die im Sommer uns beglücken?
Wo sind die schillernden Libellen,
wo die Rosen, wo die Wicken?
Der Winter mag mit Farben geizen,
doch schmucklos ist er sicher nicht.
Mit Sternen, Zapfen und Blumen aus Eis,
entzückt er uns auf seine Weis.

29. Januar – 4. Februar

An Lichtmess soll es stürmen und schneien,
dann zieht auch bald der Frühling ein.
So prophezeien es die weisen Bauersleut,
die uns lehren Jahr für Jahr erneut.
Nun hoffen alle, die des Frierens müd,
dass schon bald der erste Krokus blüht.

5. Februar – 11. Februar

Nun endlich kommt das Licht zurück,
ein wenig länger jeden Tag.
An manchem Morgen schon die Amsel singt,
so kräftig sie es jetzt vermag.
Ein mildes Lüftchen, meinen wir,
verspürt man schon, bald hier, bald da.
Oder ist es nur der Wunsch,
dass der Frühling schon ganz nah?

12. Februar – 18. Februar

Ob Eis, ob Schnee,
ob Sonnenschein, ob Regen.
Das Grün von Ficht und Tanne,
ist stetig uns zugegen.
Wenn alles ringsum kahl und trist,
wenn selbst der Himmel uns kein Lichtblick ist.
Dann schenkt uns Kraft und Halt,
der beständig treue, immergrüne Wald.

19. Februar – 25. Februar

Schneeglöckchen, oh ihr Feinen,
ihr läutet uns den Frühling ein,
und werdet auch in diesem Jahr
das frostgeprüfte Herz erfreuen.
Gleich zierlich kleinen Tröpfchen,
erwachset ihr aus Eis und Schnee.
Ihr wecket auf der Weide Kätzchen,
den Käfer und den Frosch im See.

26. Februar – 4. März

Was springt da unten im Tale,
auf jungen, weißen Beinen?
Sie laufen unbeschwert und munter,
obschon sie so zerbrechlich scheinen.
Selbst Wind und Kälte trotzen sie,
die wollig weichen Wesen.
Im Schutz der Herde wachsen sie,
wie es immer schon gewesen.

5. März – 11. März

Das Eis ist geschmolzen,
der See ist befreit.
Die Fischlein jubilieren,
waren längst bereit.
Die Last ist genommen,
das Leben atmet auf.
Freudig spiegelt das Wasser
der Sonne helle Strahlen herauf.

12. März – 18. März

Auf der Lichtung eine mächtge Eiche steht,
die niemals von der Stelle sich bewegt.
Gewiss zählt sie fast tausend Jahr
und hat beherbergt manche Vogelschar.
Schutz hat sie geboten manchem Hirt,
und war vieltausendmal des Eichhorns Wirt.
Eiche, was hast du alles gesehen, sag?
Wie viele Morgengrauen, wie viele Sonnen- und Regen-
tag?

19. März – 25. März

Nicht wenden mag ich meinen Blick vom Himmel,
so freundlich scheint das Firmament.
Ganz unbeschwert die Wolken schweben,
wie man es nur von Wolken kennt.
Sie streifen durch die Lande,
und baden in der Sonne Schein.
Bald lieblich, bald dramatisch,
begleiten uns tagaus, tagein.

26. März – 1. April

Es ist so weit, ich glaub es kaum,
die Welt wird wieder bunt!
Narzissen leuchten überall,
auch Gänseblümchen, klein und rund.
Krokusse in frohen Farben
zieren Wies und Beet.
Veilchen gar und Schlüsselblumen
sprießen wie gesät.

2. April – 08. April

Die Luft ist voller Stimmen,
es trällert, zwitschert und singt.
Selbst in den Abendstunden
so manche süße Melodie erklingt.
Aus dem Süden kehren heim,
Schwalbe und Kuckuck, Pirol und Nachtigall.
Sie erfüllen den Himmel mit Leben,
mit Tanz und lieblichem Schall.

9. April – 15. April

Ein warmer Hauch umfängt des Igels Nase,
der süß noch schlummert im Gebüsch.
Kein Kuckuck scheint ihn zu erwecken,
kein Veilchen, duftend und frisch.
Gewiss jedoch die Kraft der Sonne
holt ihn zurück ans Licht.
Vielleicht wird dieses junge Jahr
so lieblich wies der Wintertraum verspricht.

16. April – 22. April

Zeit ist es jetzt zum Pflanzen und Säen,
sollen ringsum bald Blumen und Früchte stehen.
Freesien pflanze ich und Anemonen,
säe Erbsen, Dill und Bohnen.
Nicht vergessen darf ich Möhren und Kohl,
den rechten Platz, den kenn ich wohl.
Fleißig gießen werd ich nun und düngen,
mit Hilfe von Sonne und Wind, wird es gut gelingen.

23. April – 29. April

Am Boden wimmelt und krabbelt es wieder,
von Käfern, Würmern und Spinnen.
Auch die Ameis, nimmer müd,
will auf ihr Tagwerk sich besinnen.
Marienkäfer gesellen sich dazu,
verlassen sachte ihr Versteck.
Die ersten Schmetterlinge überdies,
fliegen recht munter schon und keck.

30. April – 6. Mai

Obwohl die Winterszeit vorüber,
ziert frisches Weiß so manchen Baum.
Der Obstgarten scheint mir gar,
als trüge er Kronen aus frischem Schaum.
Nein freilich, es sind die jungen Blüten,
die wir da so bestaunen.
Bald werden sie sich wandeln,
zu Kirschen, Birnen und Pflaumen.

7. Mai – 13. Mai

Ein schlauer Schneck kreuzt meinen Weg,
wechselt bedächtig seinen Ort.
Besieht sich alles ganz genau,
kostet ein Kräutlein hier und dort.
Zum Mittagsschlaf legt Schneck sich nieder,
hält dann ein Schwätzchen mit der Spinn.
Ein solch beschaulich runder Tag,
ist voll und ganz nach Schneckens Sinn.

14. Mai – 20. Mai

Der Mai wird oft gepriesen,
in Liedern und im Reim.
Sie alle schwärmen und bekunden,
kaum schöner könnt ein Monat sein.
Fast fließt das Auge über,
erhellt von Blütenpracht und jungen Trieben.
Ach, wenn des Wonnemonats Freuden
uns das ganze Jahr doch blieben.

21. Mai – 27. Mai

Saftig grüner Klee,
wohin ich nur seh.
Drei Blätter hat er,
selten auch vier.
Glück soll er bringen,
ich wünsch es Dir!

28. Mai – 3. Juni

Ein Muster scheint mir, ist die Kuh,
an Ruhe und Genügsamkeit.
Sie labt an frischen Halmen sich
und lässt sich dafür reichlich Zeit.
Ein Quentchen Löwenzahn so zwischendurch,
die Blüt vom Hahnenfuß danach.
Ein Blick noch übers weite Land,
so geht es schwelgend durch den Tag.

4. Juni – 10. Juni

Die erste Ringelblume hab ich heut entdeckt,
am Gartenrand sie ihre goldenen Blüten streckt.
Wie oft am Tage bleib ich stehn,
um ihre leuchtend Pracht zu sehn.
Doch nicht nur schön ist die Calendula,
auch heilen kann sie wunderbar.

11. Juni – 17. Juni

Der Frühling seinen Abschied nimmt,
er hat uns wieder treu gedient.
Fein bereitet hat er Feld und Garten,
die jetzt auf den Sommer warten.
Dieser lässt gedeihen dann die Saat
und führet fort des Frühlings Tat.

18. Juni – 24. Juni

Die Sonne jetzt am höchsten steht,
es auf Johanni schon zugeht.
Die Bauersleute schaffen tüchtig bis zur Nacht,
das Heu gehört gewendet und eingebracht.
Erst wenn er gesorgt für Schaf und Kuh,
legt sich der Landmann zur wohlverdienten Ruh.

25. Juni – 1. Juli

Manch milder Abend lädt nun ein,
zum Verweilen unter freiem Himmel.
Im weichen Dämmerlichte kann man sehn,
der Mücklein rastlos Gewimmel.
Sie wollen nutzen, so tun sie kund,
auch noch des Tages letzte Stund.

2. Juli – 8. Juli

Eine Amsel hüpft geschäftig durch das Gras,
scheint zu suchen dort etwas.
Sie sucht und pickt und sucht und pickt,
sodann sie in die Höhe fliegt.
Freudig zartes Piepsen nun ertönt,
ach, eine Kinderschar wird dort verwöhnt.

9. Juli – 15. Juli

Wenn ich so durch mein Gärtlein geh,
ich viele Beeren leuchten seh.
Süße Erdbeeren, saftige Himbeeren, erlesene
Heidelbeeren.
Doch ebenso köstlich zu verzehren,
sind rote wie schwarze Johannisbeeren.
An feinen Rispen sitzen sie,
wie kleine Träubelein in trauter Harmonie.

16. Juli – 22. Juli

In voller Blüte steht der Lindenbaum,
er ist gar prächtig anzuschauen.
Aber was surrt und schwirrt da in den Zweigen?
Es ist ein Hummel- und Bienenreigen.
Die Tierchen sammeln Nektar und Pollen,
wobei sie keine Blüt vergessen wollen.
Doch auch der Mensch die Lindenblüten gerne pflücket
und sich an ihrem milden Tee erquicket.

23. Juli – 29. Juli

Dichter Sommerregen ist gefallen,
satt getränkt sind Wald und Flur.
Sieh nur wie die Kräutlein sprießen,
überschwänglich danket die Natur.

30. Juli – 5. August

Schmetterlinge, rot, blau, gelb,
wimmeln leis in Busch und Feld.
Flügelchen wie Seide zart,
schwingen emsig auf und ab.
Feuerfalter und Eichenspinner
suchen süßen Nektar immer.
Schwalbenschwanz ganz elegant,
tanzt gleich einem bunten Band.

6. August – 12. August

Ein buntes Süppchen möcht ich heut bereiten,
drum muss ich dann auch gleich beizeiten,
draußen im Garten mich besehn,
welch nützlich Pflänzchen da so stehn.
Zwei Möhren zieh ich aus der Erd.
Ein Sträußchen Petersilie ich dann pflücken werd.
Zum Schluss ein Blumenkohl kommt noch dazu,
ein reiches Mahl hab ich im Nu.

13. August – 19. August

Hinaus zieht es mich immerfort,
an einen schönen, sonnigen Ort.
Überall wo es frisch und grün,
lenk ich meine Schritte hin.
Bewahren will ich mir des Sommers Freuden,
für kalte, dunkle Winterszeiten.

20. August – 26. August

Am Weiher hinterm Haus
sieht die Welt gar munter aus.
Selbst an Tagen noch so heiß
wimmelt es mit Lust und Fleiß.
Die Enten schnattern und schlemmen sich satt,
der Frosch hüpft auf ein Seerosenblatt.
Die Libelle schwirrt hastig wie ein Pfeil,
die Fischlein im Wasser dagegen haben keine Eil.

27. August – 2. September

Ein Körbchen Pflaumen hab gepflückt ich schon
und kräftig gleich genascht davon.
Doch nicht nur heut will ich mich laben,
muss auch in Zukunft etwas haben.
Darum werd ich nun gleich bereiten,
Kompott und Pflaumenmus für spätre Zeiten.
So werden die Früchte, ohne Frage,
versüßen mir manch karge Tage.

3. September – 9. September

Heiße Tage werden seltener,
die Sonne langsam an Kraft verliert.
Immer öfter braucht man wärmere Kleider,
wenn man auch selten wirklich friert.
Der Herbst, der Moderate,
nun langsam Einzug hält.
Mit Besinnung und Vernunft
regiert er seine Welt.
Nachdem wir uns erfreut,
an des Sommers reicher Fülle,
nährt uns nun
des Herbstes weise Stille.

10. September – 16. September

Obschon es seit Tagen nicht geregnet hat,
saßen am Morgen kleine Wassertröpfchen auf jedem Blatt.
Alles war umhüllt von frischem Tau,
wie mit Silber bestreut, glitzerte die Au.
Der Spinnen kunstvolle Netze zierten manchen Strauch,
denn diese feinen Gewebe offenbaren die Tautropfen auch.

17. September – 23. September

Auf einer Wiese sah ich heut
zarte, violette Blüten wie gestreut.
»Sind das gar Krokusse?«, fragte ich mich.
Aber Krokusse im Herbst, gibt es sicherlich nicht.
Sodann jedoch ward ich belehrt,
dass jetzt die Herbstzeitlose uns beehrt.
Wahrlich zeitlos scheint sie Monate zu überbrücken
und lässt uns hoffnungsvoll zum nächsten Frühling blicken.

24. September – 30. September

Bevor die Natur sich zum Schlafe neigt,
sie sich noch einmal üppig und großzügig zeigt.
Sonnenhut, Dahlien und Astern aller Arten,
leuchten im frühherbstlichen Garten.
Auch Sanddorn, Hagebutten und Holunder findet man,
woraus man Tee und Saft bereiten kann.
Äpfel wie Birnen drängen sich an den Bäumen,
wir wollen nur das Ernten nicht versäumen.

1. Oktober – 7. Oktober

Des Winzers Zeit ist nun gekommen,
die Trauben stehen voll und rund.
Ob rote oder helle Beeren,
ihr süßer Saft erquicket jeden Mund.
Der Winzer aber zögert nicht,
noch edler soll der Nektar sein.
Mit seinem altbewährten Wissen
verwandelt er die Frucht in Wein.

8. Oktober – 14. Oktober

Auf den Wegen liegen Früchte wie gesät,
nicht wie sonst auf Feld und Beet.
Nein, wir Menschen können sie nicht essen,
wollen die Tiere nicht vergessen.
Eichhorn, Hamster und die Maus
sammeln fleißig ihren Winterschmaus.
Tragen Kastanien flink und keck,
Nüss und Eicheln zum Versteck.

15. Oktober – 21. Oktober

Zu einem Festmahl kehret ein, die verehrte Vogelwelt.
Eibe, Weißdorn und Liguster haben sie bestellt.
Die Frucht der Berberitze ist des Gimpels Leibgericht.
Für des Sperlings Gaumen ist Holunder ein Gedicht.
Das Rotkehlchen zieht die Pfaffenhütchen vor,
Meise und Grünfink flattern vom Schlehenbusch
empor.
Auch die Vogelbeeren sind allseits beliebt,
wie gut, dass es diese so reichlich gibt.

22. Oktober – 27. Oktober

Der Igel bettet sich zur Ruh,
für die kalte Winterszeit.
Mit buntem Laub deckt er sich zu,
vor Frost und Wind ist er gefeit.
Er gibt sich sanften Träumen hin,
so wie die Nachbarn Dachs und Schleich.
Wenn's karg und trist dort draußen ist,
lebt schöner sich's im Traumesreich.

28. Oktober – 4. November

Wie gern spazier ich durch den Wald,
welch erholsam stiller Aufenthalt.
Mein Weg führt über Reisig und Moos,
über Wurzeln und Tannenzapfen, klein und groß.
Und wie ich atme die Luft, so würzig und rein,
entdeck ich ein kräftiges Butterpilzlein.
Im Schutze einer buschigen Fichte,
streckt es sein glänzend braunes Köpfchen zum Lichte.

5. November – 11. November

Ein Schwarm von wilden Kranichen,
fliegt über unser Haus.
Sie lockt der Duft des Südens,
ziehen in die Welt hinaus.
Wir wünschen gute Reise,
doch sei uns nicht zu bang.
Sie kehren zurück nach Hause,
sei auch der Winter lang.

12. November – 18. November

Unermüdlich rinnt das Bächlein,
bahnt sich seinen langen Weg.
Es fließt durch Wald und Flur,
unter Wurzel, Brücke und Steg.
Furchtlos quillt es aus dem Fels,
plätschert über Moos und Stein.
Sein Wasser tränkt das durstige Reh
und nährt unzählig Pflänzelein.

19. November – 25. November

Das Sonnenlicht ist schwach und rar,
im Dunkel die Sterne aber, leuchten selten klar.
Sie blenden und sie flirren nicht,
viel unscheinbarer ist ihr Licht.
Doch geben wir nur richtig Acht,
Gestirn für Gestirn zum Leben erwacht.
Löwe, Schwan und Pegasus,
Wagen, Stier und Sirius.

26. November – 2. Dezember

Kein Vöglein mehr singt, kein Blümlein mehr blüht.
Nach Licht und Wärme dürstet das Gemüt.
So lasst uns entzünden Kerz und Latern,
Adventsstern und Lichterbogen leuchten von fern.
Mit Tannenzweigen schmücken wir das Haus,
oh, wie sieht es festlich aus.

3. Dezember – 9. Dezember

Sankt Nikolaus macht sich auf den Weg,
zu lohnen jedes brave Kind.
Des Nachts verteilt er süße Gaben,
und eilt von Haus zu Haus geschwind.
Wie groß ist dann der Jubel,
am Morgen, wenn der Tag beginnt,
und jedes Kind in seinem Stiefel
die leckren Naschereien findt.

10. Dezember – 16. Dezember

Herrlich heimelige Düfte
ziehn seit Tagen durch das Haus.
Honigkuchen locken uns, Bratäpfel
und so mancher feine Schmaus.
Eifrig bäckt der Ofen Plätzchen
mit Ingwer, Zimt und Kokosnuss.
Ei, wie dieser arme Gesell
heuer wieder schwitzen muss.

17. Dezember – 23. Dezember

Hier endlich steht er, majestätisch und mild,
die Arme gebreitet, welch stattliches Bild.
Auf jeden Zweig setz ich ein Licht,
damit es wärmt sein Angesicht.
Mit tausend Schätzen schmück ich ihn,
goldene Kugeln und Sterne zieren sein Grün.
Sein Duft löscht aus allen Kummer und Leid.
Nie hat ein edlerer Baum uns erfreut.

24. Dezember – 26. Dezember

Verzaubert lauscht heut Dorf und Stadt,
verzaubert lauscht alles, was Ohren hat.
Tausend Engelsstimmen wispern leis,
erzählen uns die schönste Geschicht.
Sie erzählen vom heiligen Kinde,
das uns brachte das Licht.
Sie erzählen von Hoffnung, Friede und Freud.
Das alles erbeten und feiern wir heut.

27. Dezember – 31. Dezember

Das Jahr neigt sich dem Ende sacht,
wir halten Rückschau mit Bedacht.
Wie lieb war uns manch unbeschwerter Tag,
wie hat uns beschäftigt manch bange Frag.
Wir haben empfangen manch freundliches Wort,
wir haben gefunden manch bezaubernden Ort.
Bewahren wollen wir uns alles Schöne,
die sorglosen und heiteren Töne.

Zum Geburtstag

Vor … Jahren wardst du geboren,
wardst für dieses Leben auserkoren.
So viele Dinge, die wir schätzen,
vermagst du in die Welt zu setzen.
du meisterst tapfer jeden Schritt,
jede Prüfung, die in dein Leben tritt.
Aus diesen und noch vielen Gründen,
wollen unsere besten Wünsche wir verkünden.

Ein ganz besonderer Tag ist heut,
ob es regnet, donnert oder schneit.
Heiter schlagen unsere Herzen,
leuchtend brennen … Kerzen.
Wir wünschen innig Glück und Segen,
auch froher Sinn sei stets zugegen.
Noch viele Tage so wie heut,
kein Wölkchen am Himmel weit und breit.

Die Autorin

Susann Winkler studierte Heilpädagogik an der Universität Köln. Während langjähriger Auslandsaufenthalte in Großbritannien, Kroatien und Österreich war sie in verschiedenen sozialtherapeutischen Einrichtungen tätig.

Seit sechs Jahren lebt sie im Berchtesgadener Land und arbeitet im Bereich soziale Betreuung im »Seniorenzentrum Insula« in Bischofswiesen.

Zeitfracht Medien GmbH
Ferdinand-Jühlke-Straße 7
99095 Erfurt, Deutschland
produktsicherheit@kolibri360.de